Der Genuss wächst vor der Tür

Karoline Jönsson

Der Genuss wächst vor der Tür

Tipps und Rezepte für Obst und Gemüse

Aus dem Schwedischen von Ricarda Essrich

Jan Thorbecke Verlag

FÜR DIE VERLAGSGRUPPE PATMOS IST NACHHALTIGKEIT EIN WICHTIGER MASSSTAB IHRES HANDELNS.
WIR ACHTEN DAHER AUF DEN EINSATZ UMWELTSCHONENDER RESSOURCEN UND MATERIALIEN.

ALLE RECHTE VORBEHALTEN
© DER DEUTSCHEN AUSGABE 2020 JAN THORBECKE VERLAG
VERLAGSGRUPPE PATMOS IN DER SCHWABENVERLAG AG, OSTFILDERN
WWW.THORBECKE.DE
© DER ORIGINALAUSGABE MIT DEM TITEL „DET GODA GRÖNA" 2017 ERSCHIENEN BEI
NORSTEDTS FÖRLAGSGRUPP AB, SCHWEDEN, WWW.NORSTEDTS.SE
TEXTE UND FOTOS: KAROLINE JÖNSSON
UMSCHLAGGESTALTUNG: FINKEN & BUMILLER, STUTTGART
DRUCK: PNB PRINT LTD, SILAKROGS
HERGESTELLT IN LETTLAND
ISBN 978-3-7995-1375-3 (PRINT)
ISBN 978-3-7995-1464-4 (EBOOK)

Vorwort 7

Einleitung 11

1
Der Nutzgarten
13

2
Das Gewächshaus
45

3
Der Obstgarten
67

4
Der Kräutergarten
97

5
Der wilde Garten
119

Register 149

Rezeptregister 150

Vorwort

IM HERBST 2011 zog ich aufs Land. In ein Haus, zu dem ein Stück Land und ein Stall gehörten. Zurück in das Dorf, in dem ich aufgewachsen bin. Das Haus gehörte meiner Familie und stand damals gerade leer. Im Herbst darauf entdeckte ich im Wald eine kleine Böschung, auf der Pfifferlinge in Hülle und Fülle wuchsen, und ich verstand zum ersten Mal, was für ein befriedigendes Gefühl es ist, sein Essen in der Natur zu finden. Essen, das einen nährt und satt macht. Essen, das einfach da ist und direkt aus der Erde wächst. Es muss keine Umwege über Fabriken und Industrien machen, nicht in Kunststoff verpackt und zum Supermarkt transportiert werden. In mir erwachte eine Art Urzeitmensch – leicht zu erfreuen und mit Grundbedürfnissen, die auch Tausende Jahre der Evolution nicht ausrotten konnten. Ich freute mich über mein Pilzglück. Das war der Beginn meiner großen Liebe zu Mutter Natur und der Auslöser für einige lebensverändernde Dinge.

Innerhalb weniger Monate fing ich an, Nutzpflanzen zu ziehen, mich vegetarisch zu ernähren und den Blog „Die grüne Speisekammer" („Det gröna skafferiet") zu schreiben. Denn heutzutage kann man natürlich nicht aus der Stadt aufs Land ziehen, ohne auch darüber zu bloggen, dieses für eine ahnungslose 23-Jährige sonderbare Leben in Bildern festzuhalten und damit der Bevölkerung oder dem „Schwarm" über eine digitale Umgebung wieder ein wenig näher zu kommen. Kurz danach schrieb ich für einige Magazine über Essen, das Anbauen von Nahrungsmitteln und das Leben auf dem Land, und bald folgten ein Buchvertrag und eine Fernsehsendung. Eine Schar Hühner zog ein, dann drei Katzen, von denen ich eine im Wald aufgabelte. Ich legte einen Nutzgarten an, baute Gewächshäuser und pflanzte Unmengen an Bäumen.

Kontraste, Gegenpole, Yin und Yang. In einer digitalen Welt machte ich Karriere, indem ich über so banale Dinge wie Essen und Pflanzen schrieb. Nahrungsmittel zu sammeln und anzubauen gehört zu unserer Geschichte, es liegt in unseren Wurzeln und ist das, was wir Menschen seit Tausenden von Jahren tun. Ich denke, größtenteils ist es gerade das künstliche, von Technik geprägte Stadtleben, das hinter meiner Faszination für den Garten, das Gärtnern und die Natur steckt. Das Handfeste, Einfache, Ursprüngliche. Ich glaube an ein leidenschaftliches Leben, egal, ob es um Fallschirmspringen, einen Umzug ans andere Ende der Welt oder das hingebungsvolle Sammeln von Antiquitäten geht. Mein Herz schlägt ein wenig schneller, wenn ich im Frühling sehe, dass das erste Unkraut durchkommt, wenn ich die Erde vorbereite und mit dreckigen Händen Samen aussäe, Birkensaft zapfe oder eine Rote Bete aus dem Boden ziehe. Und wenn ich mitten im Winter mit selbst geernteten Zutaten kochen kann. Heute sind selbst angebaute Nahrungsmittel aus meinem Nutzgarten, die wilden Zutaten und der Kreislauf der Natur so etwas wie meine Religion. Ich fühle eine andere Verbundenheit mit der Erde, mit Lebewesen. Für mich ist eine pflanzenbasierte Ernährung einfach logisch und das, was meinem Körper gut tut. Es ist das Essen, für das ich stehe und das ich in vollen Zügen genieße. Ich glaube, es ist das Beste für die Tiere, die Erde und für mich.

Also, herzlich willkommen bei mir zu Hause, in meiner grünen Welt, wo Essen auf Bäumen wächst und der Kompost als heiliges Land gilt.

Karoline Jönsson

Einleitung

DIESES BUCH handelt, kurz gesagt, von Pflanzenkraft und Nutzpflanzen. Es ist ein Plädoyer für pflanzenbasierte Ernährung und Nahrungsmittel, die aus meinem Leben und meinem Alltag stammen. Die Rezepte enthalten weder Fleisch noch Molkereiprodukte oder Eier. Die meisten der Zutaten im Buch lassen sich in unseren Breitengraden hervorragend anpflanzen. Andere Produkte jedoch, wie Cashewkerne, Kakaopulver, Kokosöl und Agavensirup, sind leckere Ergänzungen aus anderen Teilen der Welt. Es war nie mein Ziel, einmal Selbstversorgerin zu sein. Vielmehr wollte ich mich von Mobiltelefonen und Computern lösen, das Leben wieder spüren, den Brennstoff erzeugen, mit dem ich selbst funktioniere, und meinen Körper ernähren. Denn ich bin eigentlich der Ansicht, dass die Gartenarbeit den Menschen mindestens genauso entspannt, glücklich und gesund macht wie die Pflanzen selbst. Mir bringt das Gärtnern Entspannung und Freude, daher habe ich mich von Prestigegedanken, Regeln und Leistungsdenken verabschiedet. Es muss nicht immer alles gelingen, und nicht alles, was wir tun, müssen wir unter Leistungsaspekten messen. Wir leben glücklicherweise in einer Zeit, in der wir von unserer Ernte nicht abhängig sind. Außerdem hängt die Frage, wie erfolgreich man ist, von vielen Faktoren ab, angefangen bei Witterung und Temperatur bis hin zu Nährstoffen, pH-Werten im Boden und der Erdbeschaffenheit.

Mehrere Jahre lang hatten meine Roten Beten lediglich die Größe von Radieschen. Rote Bete, das Gemüse, das am einfachsten von allen anzupflanzen ist! In diesem Jahr waren sie endlich riesengroß. Und so ist es häufig beim Gärtnern – mit den Jahren wird man besser. Man lernt, was in diesem Boden gut funktioniert und wann man am besten säen sollte. Und wenn man fleißig daran arbeitet, den Boden zu verbessern, hat die Erde auch nach ein paar Jahren eine bessere Qualität.

Tatsache ist aber auch, dass manchmal Misserfolge beim Gärtnern Großartiges hervorbringen können. Eine Saat, die sich für unser Klima vielleicht nicht eignet, oder Pflanzen, die besonders viele Ressourcen verbrauchen, haben mich gelehrt, bestimmte Zutaten noch mehr zu schätzen. Essen bekommt ganz einfach einen anderen Stellenwert, wenn Sie eine Beziehung zu seiner Herkunft haben. Ich glaube, dass dieser Stellenwert uns auch dazu bringen kann, den Teller leer zu essen und Essensabfälle zu reduzieren – man investiert nicht viel Zeit in das Anpflanzen eines Nahrungsmittels, damit es dann auf dem Kompost landet.

In den Kapiteln dieses Buches teile ich nicht nur Rezepte zur Verarbeitung der Ernte mit Ihnen, sondern auch meine Erfahrung mit dem Gärtnern. Ich bin ganz einfach so etwas wie Ihr Gartenfreund, mit immer dreckigen Nägeln und lehmigen Stiefeln. Vielleicht pflanzen Sie selbst nur einige wenige oder vielleicht auch gar keine der Zutaten an, die in den Rezepten dieses Buches verarbeitet werden. Vielleicht finden Sie welche davon wild in der Natur oder Sie kaufen auf dem Bauernmarkt oder beim Tante-Emma-Laden um die Ecke ein. Ob Sie einen kleinen Kräutergarten am Küchenfenster haben und Tee aus eigener Minze anbieten können, ob Sie die Füße mit Ringelblumensalbe aus Blüten cremen können, die Sie im Schrebergarten des Großvaters gesammelt haben oder ob Sie mitten im Februar einen Apfelkuchen aus Früchten aus dem eigenen Garten backen können – immer ist es Energie, die vom Samen in die Pflanze und in Sie übergeht. Dieses Buch bietet Ihnen Essen mit reinen Zutaten, Essen, das von Grund auf selbst hergestellt wurde.

Kapitel 1

Der Nutzgarten

MEIN NUTZGARTEN LIEGT MIR besonders am Herzen. Nicht nur, weil ich ihn von Grund auf selbst angelegt habe, sondern auch, weil er bis hin zu den Schrauben nahezu vollständig aus Recycling-Material besteht. Ein Zaun ist eigentlich nicht nötig, doch ich wollte das Gemüse einhegen oder vielmehr die Hühner aussperren. Das Tor hat mein Vater aus Hölzern von Fichten und Weiden gezimmert, die hier im Garten wuchsen. Die Scharniere haben wir auf dem Dachboden gefunden, sie stammen wahrscheinlich aus Großvaters und Großmutters altem Sommerhaus. Und den Haken fand ich, als ich beim Frühjahrsputz im Garten die Beete harkte. Er lag versteckt in einer Ecke, die der frühere Besitzer als kleine Müllkippe verwendet hatte. Der Haken war wahrscheinlich früher auf dem Hof verwendet, dann aber weggeworfen worden, als er nicht mehr benötigt wurde, und lag viele Jahre versteckt in der Erde. Nun bekommt er eine zweite Chance und muss auf dem Hof eine neue wichtige Aufgabe erfüllen: das Tor geschlossen halten, damit die Hühner sich nicht hineinschleichen und vom Kohl naschen können.

Doch nicht nur der Zaun wurde aus wiederverwendeten Ressourcen des Hofes erschaffen. Das Gleiche gilt für die Pflanzenerde. Das Stück Land, auf dem ich meinen Nutzgarten anlegte, war einst ein Feld mit schwerem, kompaktem Lehmboden, das früher eine Pferdeweide gewesen war. Es war also ein Boden, der in seiner Struktur bearbeitet werden musste, der aber aufgrund des nährstoffreichen Lehms schon über gute Voraussetzungen verfügte. Wenn man den Lehmboden im Herbst aufgräbt, gehen die Poren im Frost kaputt, und die Erde lässt sich im Frühjahr besser bearbeiten. Als ich den Boden im Frühjahr ein zweites Mal umgrub, fügte ich Komposterde und Rottemist hinzu. So wurde der Boden noch luftiger, und die Pflanzen bekamen Sauerstoff, während ihre Wurzeln sich ungehindert durch die Erde arbeiten konnten.

Eine Sache, die ich während meiner ersten Jahre als Gärtnerin gelernt habe, ist, Ruhe zu bewahren und nicht zu früh in der Saison anzufangen. Der Lehm neigt nämlich dazu zu verklumpen und zu kompakt zu werden, wenn man mit dem Umgraben nicht bis ins späte Frühjahr wartet. Inzwischen bringe ich die neue Komposterde außerdem als geschlossene Schicht auf dem Boden auf, anstatt sie unterzumischen. Das hat meine Ernten nahezu verdoppelt. Und mein vielleicht bester Rat: Seien Sie beim Unkrautzupfen übergenau, wenn Sie die Erde zu Beginn der Saison vorbereiten, denn sonst sehen Sie jeden Halm in den kommenden Monaten tausendfach wieder.

Alle Böden sind unterschiedlich, sie reichen von kompakten Lehmböden – wie meinem – bis zu Sandböden, von nährstoffarmen bis zu satten Mutterböden, von besonders steinigen Böden bis hin zu solchen, die voller Unkrautwurzeln sind. Diese verschiedenen Böden brauchen natürlich auch unterschiedliche Pflege und unterschiedliche Nährstoffergänzungen oder Bearbeitung der Textur. Unter Gärtnern herrschen ganz verschiedene Ansichten dazu, was man mit seinem Boden tun und was man lassen sollte. Die einen plädieren dafür, den Boden niemals umzugraben, denn das sei in einem intakten ökologischen Garten die Aufgabe der Regenwürmer. Andere plädieren für ein Umgraben im Herbst, während wieder andere der Ansicht sind, man solle im Frühjahr umgraben. Einige sind für, andere gegen eine Erdfräse. Ich würde sagen, genauso verschieden wie die Böden sind auch ihre Gärtner. Was bei Ihnen am besten funktioniert, müssen Sie einfach ausprobieren.

Kompostieren

Wenige Dinge versetzen mich in eine so ausgelassene Stimmung wie das Kompostieren, und das ist – auch wenn es komisch klingt – nicht einfach nur daher gesagt. Bedenken Sie, dass man aus Resten von Gemüse, ganzen Mahlzeiten oder dem Garten selbst das für das Gärtnern Wichtigste gewinnen kann – die Erde. Wenn der Garten oder der Haushalt zu einem eigenen Kreislauf werden, versteht man plötzlich, was es heißt, sich um das Wohl unseres Planeten zu kümmern.
Als ich mit dem Kompostieren anfing, bekamen Biozutaten bei dem Essen, das ich kaufte, eine noch größere Bedeutung. Da ich den Garten und meinen Körper so giftfrei wie möglich halten wollte, sollten natürlich keine Reste von gespritzten Nahrungsmitteln in meinen Kompost geraten. Dies wurde mir erst dann richtig bewusst, als ich den gesamten Kreislauf vom Garten, der Erde, den Zutaten bis hin zur zubereiteten Mahlzeit in all seinen Schritten verfolgte.
Ich besitze zwei Komposte: einen Kaltkompost und einen Heißkompost. In den Heißkompost werfe ich Essensreste, aber auch Gartenabfälle in Form von Laub, Grasschnitt sowie alles andere, was schnell verrottet, um ein vielfältigeres Kompostmaterial zu bekommen. Denn genau wie für uns Menschen ist eine abwechslungsreiche Ernährung für einen Kompost wichtig. Ausschließlich Essensreste produzieren zu viel Stickstoff im Kompost, der dann möglicherweise anfängt zu riechen und zu weich wird. Fügt man dann Material hinzu, das Kohlenstoff enthält, wird das Gleichgewicht wiederhergestellt und Sie erhalten einen frischen, gesunden Kompost. Den Kohlenstoff können Sie in Form von Zeitungspapier, in Stücke gerissener Pappe, benutztem Küchenpapier oder Laub hinzufügen. Weil der Heißkompost im Gegensatz zum Kalt-

kompost gedämmt ist, funktioniert er auch im Winter. Über den gesamten Jahresverlauf betrachtet arbeitet er insgesamt schneller als der Kaltkompost, deshalb kann man die Erde schneller „ernten". Eine Alternative zum Heißkompost kann die Anschaffung eines *Bokashi*-Eimers sein. Das ist ein geschlossener Behälter, der mithilfe von zugesetzten guten Mikroben Speisereste zersetzt und für die Umwandlung in Erde vorbereitet. Der Behälter ist klein, passt in die Küche oder Speisekammer und eignet sich daher gut für die Wohnung.

Der Kaltkompost ist ein Komposthaufen für Gartenabfälle, auf dem man Laub, Grasschnitt, bestimmte Pflanzen, Zweige, Fallobst und Gemüseabfälle (die nicht erhitzt oder zubereitet wurden) sammeln kann. Wem der Kaltkompost zu langsam arbeitet, der kann ihn mit mehr grünen Pflanzenteilen füttern, wie z. B. Fallobst, Grasschnitt oder nicht erhitzte Gemüseabfälle. Jedes Jahr im Frühjahr erweckt man den Kompost zum Leben, in dem man ihn wendet, denn die Niederschläge des Winters können sonst dazu führen, dass er zu kompakt wird. Der Kaltkompost neigt außerdem dazu, zu trocken zu werden, aber wenn man ihn wässert, arbeitet er schneller. Oder man deckt ihn z. B. mit einem alten Bettuch ab. Dann hält sich die Feuchtigkeit besser, und die Temperatur darunter ist etwas höher, sodass sich schneller neue Erde bildet.

Die Erde, die sich in den Komposten entwickelt, nutze ich, um Treibkästen, Gewächshäuser und Töpfe zu füllen, außerdem verteile ich sie im Frühjahr im Nutzgarten. Die Erde aus dem Kaltkompost verfügt über eine gute Struktur, ist aber recht nährstoffarm. Mischt man sie mit Erde aus dem Heißkompost und/oder Rottemist, ist sie eine gute Ergänzung zur Pflanzenerde, um deren Textur und Nährstoffversorgung zu verbessern.

Es gibt aber noch eine andere Möglichkeit, an Erde zu kommen. Meine Großmutter musste als Kind immer mit den Blumentöpfen zu einigen Weiden laufen, die auf dem Grundstück standen. Diese und einige andere Baumarten fangen manchmal an zu verrotten, wenn sie älter werden, und man kann Erde direkt aus einem hohlen Stamm holen. Auf meinem Grundstück stehen auch einige dieser alten Weiden und ein knorriger Wildapfelbaum, aus denen ich heute die Blumentöpfe fülle, ganz so, wie Großmutter es vor 70 Jahren getan hat.

Gründünger und Mulchen

Nicht alle Küchen- oder Gartenabfälle müssen erst kompostiert werden, um zu Dünger zu werden. Wer auf kleiner Fläche wohnt und keinen Platz für einen Kompost hat, könnte z. B. den Kaffeesatz unter die Blumentopferde mischen. Im Sommer gibt es viele einfache Möglichkeiten, die Pflanzen mit natürlichen Nährstoffen zu versorgen.

Gießen Sie Pflanzen in Töpfen mit dem Wasser, in dem Sie Gemüse gekocht haben (vorher abkühlen lassen). Pflücken Sie Brennnesseln und lassen Sie sie eine oder zwei Wochen in einem Eimer Wasser ziehen. Den Nesselsud können Sie – im Verhältnis 1:10 verdünnt – zum Gießen verwenden. Ich muss jedoch vor dem Gestank warnen, diese Methode eignet sich nicht unbedingt für Balkonpflanzen. Genauso können Sie eine kleine Menge Hühnermist in Wasser auflösen und die Flüssigkeit zum Gießen verwenden.

Allein durch den Anbau von Hülsenfrüchten lässt sich die Bodenqualität schon verbessern, was mir, da ich gerne viele Hülsenfrüchte pflanze, natürlich entgegen kommt. Hülsenfrüchte sind nämlich in der Lage, mit ihren Blättern Stickstoff aus der Luft aufzunehmen und in der Erde zu binden, und die Wurzeln können den Boden auflockern. Sollten Sie also mal in einem Jahr keine Lust haben, etwas anzubauen, können Sie z. B. Linsen oder Bohnen auf dem gesamten Beetstück pflanzen. Klee hat übrigens den gleichen Effekt, und im Herbst können Sie die ganze Pflanze einfach unter die Erde fräsen.

Am liebsten aber dünge ich im Sommer mit Grasschnitt. Den kann man flächendeckend als Teppich rund um seine Pflanzen verteilen, am besten während man gleichzeitig kleines Unkraut, das gewachsen ist, herauszieht. Der Grasschnitt hemmt das Wachstum von neuem Unkraut und hält die Erde feucht. Gleichzeitig gelangen die Nährstoffe aus dem Gras in den Boden und darüber in die Pflanzen. Nach ein paar Wochen hat sich das Gras zersetzt und verbessert so auch noch die Struktur der Erde. Klingt fast zu gut, um wahr zu sein. Aber wie immer gilt auch hier, dass man nicht überdüngen sollte, sondern die Erde im Laufe eines ganzen Sommers nur ein paar Mal abdecken.

Wer ein Problem mit viel Unkraut hat, kann stattdessen die Erde auch mit beispielsweise Pappe abdecken, mit ein paar Steinen beschwert. Das funktioniert am besten, wenn man Pflanzen mit viel Abstand anbaut, wie Kohl oder Zucchini. Legen Sie die Pappe auf den Boden, schneiden Sie Löcher dort hinein, wo Sie die vorgezogenen Pflanzen setzen möchten, und gießen Sie wie gewohnt. Die Pappe erstickt das Unkraut, die Pflanzen können ungestört wachsen. Und sie verrottet innerhalb einer Saison. Auch Stroh eignet sich hervorragend zum Abdecken. Ich habe immer einige strohbedeckte Wege in meinem Nutzgarten, damit ich dort kein Unkraut jäten muss. Diese Methode, bei denen man den Boden mit verschiedenem Material bedeckt, wird Mulchen genannt. Die Idee stammt aus der Natur, wo im Herbst das Laub den Boden bedeckt, ihn mit Nährstoffen versorgt und seine Struktur verbessert, während gleichzeitig die Oberfläche versiegelt wird, sodass sich die Nährstoffe besser im Boden halten.

Fruchtwechsel

Von Fruchtwechsel spricht man, wenn auf dem gleichen Beetstück nicht Jahr für Jahr das Gleiche (z. B. Kartoffeln) angebaut wird, sondern die Pflanzen im Garten immer mal wieder ihren Standort wechseln. Seit Kunstdünger und Schädlingsbekämpfungsmittel Einzug in das Gärtnern gehalten haben, hat der Fruchtwechsel an Bedeutung verloren. Aber bei ökologischem Anbau ist Fruchtwechsel eine Voraussetzung dafür, dass es dem Boden und den Pflanzen so gut wie möglich geht. Verschiedene Pflanzen brauchen verschiedene Mengen an Nährstoffen, können unterschiedliche Krankheiten bekommen und den Boden auf verschiedene Weise beeinflussen. Daher ist ein Fruchtwechsel so wichtig. Wie das geht? Am besten zeichnen Sie einen Pflanzplan von Ihrem Garten und teilen ihn in verschiedene Abschnitte ein. Vor dem Anpflanzen im nächsten Jahr werden alle Pflanzen jeweils um einen Abschnitt verschoben. So landen alle an einem neuen Standort. Pflanzen wie z. B. Hülsenfrüchte bekommen die Möglichkeit, die Erde im gesamten Garten verbessern, und Sie verhindern, dass einige Teilstücke ausgelaugt werden.

Es empfiehlt sich, den Garten in vier bis sechs Abschnitte zu unterteilen. In das erste Feld säen Sie bodenverbessernde Pflanzen wie z. B. Hülsenfrüchte, in das zweite setzen Sie die Pflanzen, die am meisten Nährstoffe brauchen, wie Zucchini und Kohl. Diese können dann im nächsten Jahr von den vielen Nährstoffen profitieren, mit denen die Hülsenfrüchte den Boden in diesem Jahr versorgt haben. In das dritte Feld kommen Pflanzen, die etwas weniger Nährstoffe benötigen, wie Beten oder Salat, und in das vierte Gewächse und Pflanzen, die mit sehr magerem Boden auskommen, z. B. Kartoffeln oder Topinambur. Durch den Fruchtwechsel nutzen Sie den Nährstoffgehalt des Bodens optimal aus, während gleichzeitig das Risiko für Krankheiten durch den Fruchtwechsel minimiert wird.

Mischkultur

Wenn man Schädlinge an den Pflanzen vermeiden möchte, ist es ratsam, verschiedene Pflanzen zusammen anzubauen und diese am besten so zu mischen, dass Blumen im Nutzgarten und Gemüsepflanzen in den Blumenbeeten wachsen. Das verwirrt die Schädlinge, die u. a. über den Geruch von ihren Lieblingspflanzen angezogen werden. Als Mittel gegen Kohlweißlinglarven habe ich beispielsweise versucht, die Grünkohlpflanzen mit stark duftenden Kräutern wie Minze oder Knoblauch zu kombinieren, was wirklich gut funktionierte. Eine andere Möglichkeit ist, Köderpflanzen pflanzen, welche die Tiere noch lieber mögen und von denen sie dann angezogen werden,

z. B. Speiserüben im Kohlbeet. Mischkultur kann aber auch bedeuten, dass man Pflanzen, die viele Insekten anziehen, in die Nähe des Erdbeerbeetes, der Obstbäume und Beerenbüsche setzt, um für steten Pollennachschub und eine reiche Ernte zu sorgen. Ja, Mischkultur ist eine Wissenschaft für sich. Wenn Sie sich hierüber näher informieren möchten, finden Sie im Internet hilfreiche Anleitungen und Pflanzpläne.

Warum Saatkartoffeln?

Wir alle kennen Kartoffeln, die in der Speisekammer oder im Kühlschrank gelegen und gekeimt haben. Es ist verlockend, sie im Garten in die Erde zur bringen, und im Grunde spricht auch nichts dagegen, sie werden sicher anwachsen und eine Ernte bringen. Allerdings wissen Sie nicht, ob die Kartoffeln von Krankheiten befallen sind. Darin unterscheiden sich die zugelassenen Saatkartoffeln von Speisekartoffeln. Kartoffeln zählen zu den Pflanzen, die Krankheiten haben können, die sich über viele Jahre im Boden halten. Um auf der sicheren Seite zu sein, sollten Sie sich für zertifizierte Saatkartoffeln entscheiden. Das gilt übrigens auch für den Kauf von anderem Saatgut. Meist kombiniere ich gekauftes und selbst beschafftes Saatgut: Ich sähe Chilisamen von Sorten, die ich im Supermarkt finde, sammele Tomatensamen, wenn ich eine besonders leckere Sorte gegessen habe, lasse Bohnen vom Gemüsehändler vorkeimen und setze sie in den Garten, und daneben kaufe ich jedes Jahr Samen für recht viel Geld.

Das Gießen

Als Pippi Langstrumpf die Blumenbeete im Regen goss, hielten alle sie für verrückt. Doch eigentlich hatte sie den richtigen Instinkt. Denn statt ihnen jeden Tag ein bisschen Wasser zu geben, ist es besser, das Gießen mit mehreren Tagen Abstand vorzunehmen und dann die Pflanzen ordentlich unter Wasser zu setzen. Gönnt man ihnen nur wenig Flüssigkeit pro Tag, suchen sich die Wurzeln einen Weg nach oben zur Flüssigkeit, und man bekommt kränkliche, schwache Pflanzen. Ich gieße am liebsten abends, weil ich das Gefühl habe, dass die Pflanzen das Wasser um diese Zeit am besten aufnehmen können. Doch in Jahren, in denen es viele Nacktschnecken gibt, ist das keine gute Idee. Dann weiche ich auf den Morgen aus.

Lagerung und Frühgemüse

Damit die Saison für Lebensmittel aus dem eigenen Garten so lang wie möglich dauert, ist es wichtig, die Auswahl möglichst vielfältig zu gestalten, mit sehr frühen Sorten bis hin zu späten Winterpflanzen, die sich lagern lassen. Zwiebeln und Knoblauch, Kürbisse, Winterkürbisse, Kartoffeln und Wurzelgemüse sind Pflanzen, die sich gut länger lagern lassen, oft sogar den ganzen Winter über, während z. B. Grün- und Schwarzkohl sehr lange draußen im Beet klarkommt. Meist kann man ihn noch mindestens bis Weihnachten ernten. Achten Sie aber darauf, dass alles, was Sie einlagern möchten, in einem guten Zustand und entweder richtig reif ist oder sich in Winterruhe befindet. Lösen Sie Kürbisse und Winterkürbisse erst, wenn der Stiel trocken ist, ernten Sie Kartoffeln, wenn das Kraut verwelkt ist, und Zwiebeln, wenn die Schale braun, trocken und papierähnlich ist. Was angestoßen oder beschädigt ist, sollten Sie separat aufbewahren und zuerst verarbeiten. Wenn Sie die schlechteren Exemplare nicht aussortieren, sondern mit der restlichen Ernte aufbewahren, besteht das Risiko, dass ein Teil der Ernte fault, was sich dann auch schnell auf alles in der näheren Umgebung überträgt. Im schlimmsten Fall ist die ganze Ernte verloren.

Frühgemüse, das sich nicht lagern lässt, kann man meist einfrieren, trocknen, einlegen, entsaften oder säuern. Alternativen, um die Saison mit selbst angebautem Obst und Gemüse zu verlängern, gibt es viele.

Verkeimen und Samen sammeln

Bei vielen unserer Gemüsepflanzen gehen wir davon aus, dass sie einjährig sind, obwohl sie tatsächlich zwei- oder mehrjährig sind. Doch dann sind sie meist schon verzehrt. Am besten lassen Sie einige Kohlpflanzen, Möhren, Radieschen oder Salatpflanzen stehen und blühen, damit Sie dann die Samen der Pflanzen ernten können. So versorgen Sie sich nicht nur mit Gemüse, sondern auch mit Samen für die Ernte des nächsten Jahres.

Direkt aussähen oder vorziehen

Die meisten meiner Pflanzen ziehe ich vor, säe sie also in Töpfe, die drinnen stehen. Dort dürfen die Pflänzchen wachsen, bis sie stark genug sind und in den Garten oder das Gewächshaus umziehen können. Zum einen hat das den Vorteil, dass die Pflanzen schneller eine Ernte bringen. Sie werden aber auch widerstandsfähiger, weil sie so

schon ein Stück wachsen durften, bevor es Zeit für sie ist, ins Freie zu wechseln. Zum Beispiel kommen sie mit Schneckenangriffen besser klar. Bei Wurzelgemüse ist das Vorziehen leider nicht so einfach, daher säe ich diese Pflanzen direkt in den Nutzgarten.

Für das Säen direkt im Freien gibt es einen Trick: die sogenannte Scheinsaat. Dabei bringt man neue Erde auf, hakt und glättet sie genau wie beim Säen, wartet aber dann gut eine Woche mit der Saat oder so lange, bis Unkraut zu wachsen beginnt. Vor dem Säen werden alle kleinen Unkrautpflanzen, die sich aus der Erde gewagt haben, herausgezogen. Damit haben die Pflanzen einen wichtigen Vorsprung gegenüber dem Unkraut, und später wird das Jäten einfacher, weil man deutlich sehen kann, was man wo gepflanzt hat.

Meine Pflanzen

Kohl und Blattgemüse

GRÜNKOHL habe ich immer im Garten. Er ist eine der nährstoffreichsten Gemüsesorten, die es gibt, und lässt sich außerdem leicht anbauen. Grünkohl hat eine lange Saison, und ich kann ihn sowohl früh als auch spät ernten. Selbst unter einer Schneedecke steht er weiter hübsch grün da, und er entwickelt die ganze Saison über neue Blätter – einfach wunderbar! Den Grünkohl gibt es in mehreren Varianten, ich habe den normalen krausen Grünkohl angepflanzt, außerdem Schwarzkohl und eine rote Variante. Der Schwarzkohl, eine Kreuzung zwischen Grünkohl und Wirsing, hat einen etwas milderen Geschmack, und weil er etwas weniger kraus ist, findet man die Larven von Schädlingen leichter. Doch der traditionelle, grüne, krause Grünkohl ist meiner Ansicht nach derjenige mit der größten Ernte und auch die Sorte, die am einfachsten zu ziehen ist.

KOPFKOHL Von den Kopfkohlsorten habe ich Weißkohl und Wirsing angebaut. Der Weißkohl ergab schon im ersten Anbaujahr eine kleine, aber feine Ernte, als ich selbst noch ganz grün hinter den Ohren war. Sie hatten jedoch nicht annähernd die Größe der riesigen, schweren Kohlköpfe, die man im Supermarkt findet; es waren eher „Portionskohlköpfe", was mir aber ganz recht war. Der Wirsing dagegen wurde richtig groß. Blumenkohl und Brokkoli habe ich eine Saison lang ausprobiert. Sie gehören für mich eindeutig zu den Pflanzen, die sich am schwersten anbauen lassen.

GIERSCH Eigentlich wollte ich über Giersch im Kapitel über den wilden Garten schreiben. Doch dann dachte ich, wir sollten den Giersch endlich so sehen, wie er eigentlich ist – wenn Mönche ihn in den Klostergärten anbauen konnten, eignet er sich doch wohl auch für unsere Küchengärten! Dieser Überlebenskünstler, den es in jedem Garten gibt, ist im Frühjahr eine der ersten Gemüsesorten, und er lässt sich die ganze Saison über ernten. Ich verzichte auf den Anbau von Spinat und mischte stattdessen Giersch in Smoothies, Eintöpfe, Suppen, Gratins und alles andere, bei dem grüne Blätter verwendet werden.

KOHLRABI/STECKRÜBEN Obwohl die Steckrübe zu den Zutaten gehört, die wir in Skandinavien am längsten anbauen, wollte es mir nicht recht gelingen, meine Steckrüben auf eine annehmbare Größe zu bringen. Sie bewegten sich immer irgendwo zwischen Radieschen und Roten Beten. Der Kohlrabi lässt sich leichter anbauen und macht sich auch optisch gut im Garten! Er ist jedoch auch bei Schnecken sehr beliebt.

MANGOLD lässt sich leicht anbauen, ist hübsch und vielseitig verwendbar – etwa so wie Spinat. Die Blätter können gedämpft, in Salaten verarbeitet oder entsaftet werden.

Die **ROTE GARTENMELDE** ist ein Beispiel für ein Unkraut, das es in die feine Gesellschaft (also in den Nutzgarten) geschafft hat und inzwischen bewusst gepflanzt und nicht mehr herausgezogen wird. Nachdem ich vor ein paar Jahren ein kleines Samentütchen ausgesät habe, verdoppelt sie sich jetzt von Jahr zu Jahr. Mit anderen Worten eine wirklich leicht zu ziehende, hübsche und leckere Salatpflanze und daher in meinem Nutzgarten herzlich willkommen!

Knollen, Wurzeln und Beten

KARTOFFELN Ich liebe Kartoffeln, trotzdem räume ich ihnen in meinem Garten nur wenig Platz ein. Es ist jedoch eine leicht anzubauende Nutzpflanze, und man kann sie sogar über der Erde ziehen, wenn man die Saatkartoffeln mit einer etwa 30 cm dicken Strohschicht bedeckt. Perfekt, wenn man in einem Jahr das Umgraben nicht schafft.

MÖHREN, PASTINAKEN UND BETEN Mit Pflanzen, die unter der Erde wachsen, stand ich immer ein wenig auf Kriegsfuß. Möhren, Beten und Pastinaken hatten es in meinem kompakten Lehmboden schwer. Doch je mehr ich mich Jahr für Jahr um die Struktur des Bodens kümmerte, desto besser wurde es. Rote Beten pflanze ich immer an, um die Knollen einzulegen. Ein paar dürfen aber in der Erde bleiben, damit ich sie im Spätherbst ernten kann.

SPEISERÜBEN wachsen gut, sind aber leider bei Schnecken sehr beliebt. Sie schmecken besonders gut dünn über einen Salat gehobelt oder mit anderem Wurzelgemüse im Ofen gebacken.

RADIESCHEN sind perfekt für Anfänger! Man kann sie früh ernten, sie wachsen schnell, sodass mehrere Ernten möglich sind, und man kann sie den ganzen Sommer über genießen. Ihr Cousin, der Rettich, lässt sich auch recht leicht anpflanzen. Ich habe eine schwarze Variante ausprobiert, die recht klein wurde, dafür aber eine sehr intensive Farbe hatte.

TOPINAMBUREN wachsen in meinem Garten, und wenn man eine Knolle in der Erde vergisst, kommt im nächsten Jahr eine neue Pflanze. Sie lassen sich prima früh im Jahr ernten, wenn der Frost vorbei ist und alles andere im Garten noch schläft. Dann dürfen die Hände endlich wieder richtig dreckig werden. Die Ernte wird besonders gut, wenn man die Topinamburen jedes Jahr ausgräbt und an eine neue Stelle setzt.

Gemüsepflanzen

SOMMERKÜRBIS ODER ZUCCHINI gehören zu meinen Favoriten, sie sind in der Küche unheimlich vielseitig und ergeben eine so gute Ernte, dass sie sich sehr gut für Anfänger eignen. Einige wenige Pflanzen können eine ganze Zucchini-Familie ergeben.

WINTERKÜRBIS UND KÜRBIS gehören ebenfalls zu meinen Favoriten. Hokkaido- und Spaghettikürbisse bringen eine große Ernte, doch ein Butternut-Kürbis ist mir nie gelungen. Hokkaidos lagere ich in Schubladen in der Küche, also bei normaler Zimmertemperatur, bis in den April/Mai hinein. Kaum etwas lässt sich so gut überwintern!

FREILANDGURKEN mag ich auch sehr. Sie ergeben immer eine gerade so große Ernte, dass ich im Winter mehrere Gläser Essiggurken im Keller stehen habe.

BLEICH- ODER STANGENSELLERIE wächst gut, und wenn Sie ihn nicht aussäen möchten, können Sie ihn so, wie Sie ihn im Gemüseregal finden, einpflanzen. Lösen Sie Stange für Stange ab und pflanzen Sie den Strunk und die kleinen inneren Stangen in die Erde, dann haben Sie bald neue Pflanzen.

ARTISCHOCKEN sind so schön, dass sie eigentlich in jedes Beet gehören! Meine Pflanzen haben immer eine recht ansehnliche Ernte ergeben.

GRÜNER SPARGEL Ich freue mich jedes Frühjahr aufs Neue, wenn er aus der Erde auftaucht – er ist eines der frühsten Frühgemüse. Es dauert drei Jahre, bis man ihn richtig ernten kann, doch dann stehen die Pflanzen sehr lange, und Sie können eigenen Spargel genießen, ohne viel mehr tun zu müssen als ein wenig Unkraut zu jäten. Probieren Sie es mit ein paar Pflanzen aus, Sie werden sehen, die Jahre vergehen schneller, als Sie denken.

Zwiebelgewächse

SAATZWIEBELN AUS GELBEN ZWIEBELN, SCHALOTTEN UND ROTEN ZWIEBELN setze ich immer im Frühjahr. Dann habe ich eigene Zwiebeln bis zur nächsten Ernte. Die Stängel kann man im Frühling im Salat verarbeiten.

SCHNITTLAUCH habe ich in meinen ersten Jahren als Gärtnerin selbst gesät, aber leider wurden eher Lauchzwiebeln daraus. Jetzt kaufe ich immer im Frühjahr einen Topf aus der Gärtnerei, und dieses Jahr scheint er die genau richtige Größe zu bekommen.

KNOBLAUCH Es gibt kaum etwas, das sich leichter anbauen lässt! Drücken Sie Zehen mit Schale im Herbst in die Erde, und im nächsten Jahr Ende Juni hat sich aus jeder Zehe eine neue Knolle gebildet. Trocknen Sie die Knollen ein paar Wochen an einem warmen Ort und flechten Sie die Stiele dann zu einem Knoblauchzopf zusammen.

Hülsenfrüchte

LINSEN habe ich einen Sommer lang ausprobiert, und sie wuchsen auch, daher dachte ich, ich könnte mich mit diesem Pflanzenprotein selbst versorgen. Als es dann ans Ernten und Enthülsen ging, verlor ich schnell die Geduld, weil jede Hülse nur eine bis zwei Linsen enthält. Seitdem baue ich keine Linsen mehr an.

BOHNEN können dagegen eine umso bessere Ernte bringen. Bei den Bohnen, bei denen man die ganze Hülse isst, habe ich mich für Wachsbohnen und eine blaue Variante entschieden, beide so ergiebig, dass man das ganze Jahr etwas davon hat. Auch grüne Bohnen und Zuckerschoten führen zu größeren Ernten, als ich für gewöhnlich selbst verarbeiten kann. Unter den Bohnen, bei denen man nur die Kerne isst, ergeben schwarze Bohnen, Borlotti- und Kidneybohnen eine reiche Ernte, während ich bei Mungbohnen oder Pintobohnen keinen Erfolg hatte.

Sahnige Zitronenpasta S. 29

4 Portionen

Die Sommervariante
2 Zucchini
1 gelbe Zwiebel
2 Knoblauchzehen
Öl zum Braten
1 TL Chiliflocken
200 ml Hafersahne
abgeriebene Schale von 1 Zitrone
+ evtl. etwas Zitronensaft
Salz und schwarzer Pfeffer
300 g Pasta
20 g Mandelstifte

Eines meiner Lieblingsgerichte ist diese einfache Pastasauce, die ich ursprünglich immer dann machte, wenn im Sommer die Zucchinipflanzen eine Frucht nach der anderen lieferten und ich nach einer Möglichkeit suchte, größere Mengen auf einmal zu verarbeiten. Dann mochte ich die Kombination aus sahniger Konsistenz, Zitrone und gebratenem Knoblauch so sehr, dass ich begann, die Zutaten zu variieren, je nachdem, was im Garten gerade Saison hatte. Im Winter nehme ich jetzt stattdessen Schwarzwurzel, Kürbis oder Grün- bzw. Schwarzkohl.

Zucchini in dünne Scheiben schneiden. Zwiebel schälen und in Streifen schneiden. Knoblauch schälen und in dünne Scheiben schneiden. In einer großen Pfanne Öl erhitzen und Zucchini, Zwiebel und Chiliflocken anschwitzen. Wenn die Zucchinischeiben anfangen, Flüssigkeit abzugeben, den Knoblauch hinzufügen. Die Hitze erhöhen und die Flüssigkeit einkochen lassen.

Jetzt die Hafersahne hinzufügen, umrühren und noch ein paar Minuten kochen lassen. Abgeriebene Zitronenschale hinzufügen, nach Geschmack auch noch ein wenig frisch gepressten Zitronensaft. Abschmecken. Die Pasta kochen und dann unter die Zucchinisauce heben.

Die Mandelstifte in einer trockenen Pfanne rösten und dazu servieren.

Die Wintervariante
2 Schalotten
3 Knoblauchzehen
10 Salbeiblätter
Öl zum Braten
Salz und schwarzer Pfeffer
7 große Blätter Grünkohl
400 ml Hafersahne
Saft und abgeriebene Schale von ½ Zitrone
1 TL Chiliflocken
300–400 g Spaghetti
evtl. 100 ml Wasser/Nudelwasser
Olivenöl zum Beträufeln
1 Prise geriebene Muskatnuss
20 g Mandelstifte

Schalotten und Knoblauch schälen und fein hacken. Auch die Salbeiblätter hacken. Alles bei mittlerer Hitze in etwas Öl mit Salz und Pfeffer anschwitzen, bis die Zwiebeln Farbe annehmen. Grünkohlblätter vom Blattstiel abzupfen und fein hacken. In die Pfanne geben und ebenfalls anschwitzen, bis der Grünkohl anfängt weich zu werden. Hafersahne, Zitronensaft und Chiliflocken hinzufügen. Die Sauce köcheln lassen, während Sie die Spaghetti kochen.

Die gekochten Spaghetti und nach Bedarf etwas Nudelwasser unter die Sauce mischen und umrühren, damit sich die Sauce gut verteilt. Mit etwas Olivenöl beträufeln, dann abgeriebene Zitronenschale und Muskat hinzufügen.

In einer trockenen Pfanne die Mandelstifte rösten und dazu servieren.

SAHNIGE ZITRONENPASTA

FAGIOLI ALL'UCCELLETTO

4–6 Portionen

1 gelbe Zwiebel
4 Knoblauchzehen
3 EL gehackter frischer Salbei
50 ml Olivenöl
500 g passierte Tomaten
500 g gekochte weiße Bohnen
Salz und schwarzer Pfeffer

Fagioli all'uccelletto S. 30

Als Vegetarierin habe ich hin und wieder nach Brotaufstrichen jenseits von Avocado- oder Bohnenmousse gesucht. Die Lösung war für mich eine italienische Bohnen-Tomaten-Creme, nicht zu verwechseln mit Boston Baked Beans.

Zwiebel und Knoblauchzehen schälen, Zwiebel in Streifen schneiden, Knoblauch in dünne Scheiben. Zwiebel, Knoblauch und Salbei im Öl anschwitzen und die Tomaten hinzufügen, wenn die Zwiebel Farbe angenommen hat. Das Ganze etwa 20 Minuten köcheln lassen, dann die Bohnen hinzufügen und weitere 5 Minuten kochen. Mit Salz und Pfeffer abschmecken.

Wenn Sie die Bohnen ungekocht verarbeiten, können Sie sie zusammen mit den Tomaten in den Topf geben.

Hummus Harvest Bowl S. 32

1 kg gekochte gelbe Erbsen
ca. 100 ml Kochwasser oder Wasser für die Konsistenz
150 ml Olivenöl
5 Handvoll Brennnesseln, leicht zusammengedrückt
Saft von 1 Zitrone
1 Knoblauchzehe
1 ½ TL Kreuzkümmel
1 ½ gemahlener Koriander
1 TL schwarzer Pfeffer
1 TL Chilipulver
½ TL Sesamöl
Salz

Es spielt keine besondere Rolle, was Sie erfolgreich im Garten anbauen und was Sie im Geschäft oder auf dem Markt bekommen – hier können Sie nehmen, was Sie haben oder welches Gemüse Sie in der Saison am liebsten mögen. Nicht mehr lagerfähige Beten oder Wurzelgemüse, Kräuter, grüne Bohnen, Zuckerschoten oder ein paar aufgeschnittene Gurken oder Tomaten. Die Ernte und Ihr guter Geschmack legen fest, was Sie mit einer riesigen Schüssel dieses fantastischen Hummus und einem Stück Brot zusammen servieren. Dieses Rezept eignet sich auch für ein wunderbares Buffet.

Alle Zutaten im Mixer pürieren. Abschmecken und nach Bedarf nachwürzen. Mit gemischtem Wurzelgemüse aus dem Ofen, in Scheibe oder Stücke geschnittenem Gemüse und einem guten Brot servieren.

HUMMUS HARVEST BOWL – MÖHRENKUCHEN

**8–10
Stücke**

ca. 3 Möhren
275 g gesiebtes Dinkelmehl
350 ml Hafermilch
180 g Zucker, z. B. Streuzucker oder Kokoszucker
150 ml Rapsöl
30 g Flohsamenpulver
1 ½ EL Backpulver
2 TL Zimt
¾ zerstoßene Kardamomsamen
1 TL Salz
Frosting:
150 g Cashewkerne
100–150 ml Wasser
1–2 EL Agavensirup oder 5 entsteinte Datteln
Saft und abgeriebene Schale von ½ Zitrone
1 Prise Vanillepulver

Möhrenkuchen S. 33

Möhrenkuchen ist schon seit vielen Jahren einer meiner Lieblingskuchen! Seit ich mich mehr pflanzenbasiert ernähre, habe ich das Rezept immer wieder überarbeitet, und jetzt ist es frei von Eiern und Molkereiprodukten – und dabei leckerer als je zuvor.

Zunächst die Cashewkerne für das Frosting einweichen. Sie müssen ca. fünf Stunden im Wasser liegen.

Den Ofen auf 175 °C vorheizen.

Möhren waschen und fein reiben. Alle Zutaten in einer Schüssel vermengen und zu einem glatten Teig verrühren.

Eine Form mit Butter einfetten und mit Paniermehl ausstreuen oder sie mit Backpapier auskleiden. Den Teig in die Form gießen. Den Kuchen auf mittlerer Schiene etwa 45 Minuten backen, mit einem Zahnstocher die Stäbchenprobe machen. Abkühlen lassen.

Eingeweichte Cashewkerne abgießen. Alle Zutaten für das Frosting im Mixer pürieren und die Glasur auf dem Kuchen verteilen. Vor dem Servieren ein paar Stunden abkühlen lassen.

**2–3
Portionen**

220 g Puy-Linsen
1 Bund Spargel
ca. 8 Bärlauchblätter
50 ml Olivenöl
1 EL ausgepresster Zitronensaft
1–2 TL Dijonsenf
Salz und schwarzer Pfeffer
8 Radieschen
1 Handvoll Petersilie, am besten glatte
1 Handvoll Rucola
75 g Sonnenblumenkerne

Salat aus Frühgemüse mit Bärlauch & Spargel S. 35

Mit dem Frühjahr kommt auch meine Sehnsucht nach leichterer, frischerer und grünerer Küche. Junges Gemüse hat jetzt Saison, und man kann endlich anfangen, im Garten zu ernten. In diesem sättigenden Salat habe ich frühes Gemüse wie Bärlauch, Spargel und Radieschen kombiniert. Als Beilage reicht dieser Salat für 4 Personen.

Linsen nach Packungsanweisung weich kochen. Spargel kochen oder über dem Linsenkochwasser dämpfen.

Bärlauch, Olivenöl, Zitronensaft und Dijonsenf im Mixer pürieren und mit Salz und Pfeffer abschmecken. Das Dressing mit den heißen Linsen vermengen. Radieschen in dünne Scheiben schneiden.

Salat mit Linsen, Petersilie, Rucola und Radieschen in einer Schüssel oder auf einer Platte anrichten.

In einer trockenen Pfanne die Sonnenblumenkerne rösten, bis sie ein wenig Farbe angenommen haben, und den Salat mit dem Spargel und den Sonnenblumenkernen garnieren.

SALAT AUS FRÜHGEMÜSE MIT BÄRLAUCH & SPARGEL

Bhaji-Burger S. 38

4 Portionen

4 gelbe oder rote Zwiebeln
1 TL Salz
2 Knoblauchzehen
1 grüner Chili
120 g Kichererbsenmehl
1 TL Backpulver
½ TL gemahlener Koriander
½ TL gemahlene Kurkuma
50 ml Wasser
Öl zum Braten

Zum Servieren:
4 Brote und z.B. Salatblätter, Hummus, Ketchup, Essiggurken

Diese indischen Zwiebelsteaks sind im Handumdrehen fertig. Normalerweise isst man sie pur als Snack, aber sie eignen sich auch hervorragend als Teil einer Mahlzeit, für ein Buffet oder als Burger-Patty.

Zwiebeln schälen und in Streifen schneiden. In einer Schüssel mit dem Salz vermengen und kneten, bis die Zwiebeln weich werden. Dann ein paar Minuten ziehen lassen, während Sie den Knoblauch schälen und hacken sowie den Chili fein hacken. Knoblauch und Chili zusammen mit den restlichen Zutaten mit den Zwiebeln mischen. Dabei das Wasser zuletzt hinzufügen und immer nur eine kleine Menge auf einmal, bis Sie die gewünschte Konsistenz erreicht haben. Die Farce darf nicht matschig sein.

Zu Steaks formen und in reichlich Öl goldbraun braten.

Grüne-Bohnen-Wraps S. 39

4 Portionen

1 kleiner Knollensellerie oder 3 Stangen Bleichsellerie
2 gelbe Zwiebeln
Öl zum Braten
1 TL zerstoßene Koriandersamen
1 TL gemahlener Kreuzkümmel
Salz und schwarzer Pfeffer
3 EL Tomatenmark
400 g gekochte schwarze Bohnen
400 g gekochte gemischte Bohnen

Zum Servieren im Winter:
Blätter von einem kleinen Rotkohl oder Wirsing, getrocknete Gojibeeren sowie Erbsensprossen und Kresse

Zum Servieren im Sommer:
Kohl- oder Salatblätter, frischer Koriander, Frühlingszwiebeln, Erbsensprossen, Kresse

Ich liebe diese unkomplizierten, einfach zubereiteten Wraps! Man brät ein paar Zutaten in der Pfanne und rollt sie dann in irgendein Blatt ein. Hat man keine dünnen Fladen zu Hause, wickelt man das Ganze in ein Kohl- oder Salatblatt ein. Ich nehme am liebsten Wirsing, doch wem das zu „kohlig" und „zu viel zu kauen" ist, der kann auch ein knackiges Salatblatt nehmen. Es ist ein Gericht für das ganze Jahr, man variiert einfach die Zutaten. Im Winter stellt man die Füllung aus Knollensellerie her, während man im Sommer Bleichsellerie nimmt. Auch die Beilagen können Sie je nach Saison variieren.

Sellerie und Zwiebeln schälen. Knollensellerie (Wintervariante) oder Bleichsellerie (Sommervariante) in münzgroße Stücke schneiden, die Zwiebeln in Streifen.

Zwiebeln und Sellerie in Öl anschwitzen, bis der Sellerie weich zu werden beginnt und die Zwiebeln etwas Farbe angenommen haben. Die Gewürze hinzufügen und das Ganze kurz weiterbraten, dann das Tomatenmark hinzufügen. Ein paar Minuten braten, dann die Bohnen hinzufügen, alles gründlich mischen und die Bohnen heiß werden lassen.

Für die Wraps einen Esslöffel der Bohnenmasse in die Mitte eines Salat- oder Kohlblattes geben und darin einwickeln. Kohlblätter sollten Sie vorher kurz in kochendem Wasser blanchieren, damit sie weicher werden.

Suppe aus geröstetem Hokkaido-Kürbis S. 40

4 Portionen

1 Hokkaidokürbis
3 gelbe Zwiebeln
1 Knolle Knoblauch
Salz und schwarzer Pfeffer
Chiliflocken nach Geschmack
1 Bund Salbei (ca. 15 Blätter)
1–2 EL Rapsöl
ca. 1 l Wasser, je nach gewünschter Konsistenz
1 + 1 EL Tamari

Zum Servieren:
gerösteter Kürbis, geröstete Kürbiskerne, gehackter Salbei und ein Klecks Hafer-Crème-fraîche

Diese Suppe habe ich zum ersten Mal an einem Februarabend zubereitet, als ich es mehrere Tage lang nicht zum Einkaufen schaffte. Und auch wenn ich die Suppe nicht gerade aus dem Nichts zaubern musste, stand mir doch nur das zur Verfügung, was noch ganz hinten in der Speisekammer zu finden war. Als ich die Suppe aß, musste ich an die Zutaten denken: Den Salbei hatte ich aus dem Kräutergarten geholt, während Kürbis, Zwiebeln und Knoblauch noch Vorräte aus dem letzten Jahr waren. Chili hatte ich getrocknet. Bis auf Salz und Pfeffer kam die Suppe also aus meinem eigenen Garten. Und das Wissen, mitten im grauen Februar, wenn draußen noch nichts anderes wächst, ausschließlich selbst angepflanzte Zutaten verarbeiten zu können, war einfach herrlich!
Wenn man Gemüse im Ofen röstet, bevor man es in einer Suppe püriert, erhält es ein so würziges, reichhaltiges Aroma, dass man keine Brühe mehr braucht. Sie können die Suppe variieren, indem Sie den Kürbis z. B. durch Maiskörner oder Möhren ersetzen – oder Reste vom Ofengemüse vom Vortag verarbeiten.

Den Ofen auf 225 °C vorheizen. Kürbis halbieren, entkernen und in Spalten schneiden. Kerne nicht wegwerfen. Zwiebeln schälen und in Spalten schneiden. Knoblauchknolle horizontal halbieren. Alles in eine feuerfeste Form geben, salzen und pfeffern, mit Chiliflocken bestreuen, Salbei hinzufügen und das Ganze mit Öl beträufeln. Ca. 30 Minuten im Ofen rösten, bis das Gemüse Farbe bekommen hat und weich ist.

Jetzt die Zutaten aus der Form in einen Topf umfüllen, dabei ein paar Kürbisstücke zum Servieren zur Seite stellen. Knoblauch, falls gewünscht, aus der Schale drücken. Wasser hinzufügen, das Gemüse mit einem Stabmixer pürieren. Dann die Suppe aufkochen lassen und mit 1 EL Tamari, Salz und Pfeffer abschmecken.

Kürbiskerne in die feuerfeste Form füllen und 1 EL Tamari hinzufügen. Bei 150 °C ca. 10 Minuten rösten, bis die Kürbiskerne getrocknet sind und beginnen, dunkel zu werden.

Die Suppe mit gerösteten Kürbisstücken und -kernen, einem Klecks Crème fraîche und nach Geschmack noch etwas gehacktem Salbei servieren.

BHAJI-BURGER – GRÜNE-BOHNEN-WRAP

SUPPE AUS GERÖSTETEM HOKKAIDO-KÜRBIS

EINGELEGTE ROTE BETE – ESSIGGURKEN

Manchmal habe ich Gelüste nach klassischer Hausmannskost, obwohl ich Vegetarierin bin. Dann bereite ich meine alten Lieblingsgerichte in einer fleischfreien Variante zu und sorge mit eingelegter Roter Bete oder Essiggurken dafür, dass es genauso himmlisch schmeckt, wie ich es in Erinnerung habe, obwohl das Gericht nur pflanzliche Zutaten enthält. Die Beilagen machen den Unterschied!

~~~~~~

Eingelegte Rote Bete S. 42

2 kg Rote Beten
1 daumengroßes Stück Meerrettich

Essigsud:
1 l Wasser
200 ml Essigessenz
450 g Zucker
1 EL Gewürznelken

Rote Beten waschen und putzen, dann 30 Minuten in der Schale kochen. Nach dem Kochen dürfen sie eine Weile abkühlen. Mit den Fingern die Schale abziehen. Auf einer Mandoline oder feinen Reibe die Beten in dünne Scheiben schneiden und in saubere Einmachgläser legen. Meerrettich in 5 mm dicke Scheiben schneiden und in jedes Gefäß ein paar Scheiben legen. Die Rote-Bete-Scheiben jetzt nochmal mit den Händen durchmischen.

Für den Essigsud Wasser, Essig, Zucker und Gewürznelken aufkochen. Dann den Topf vom Herd nehmen und den heißen Sud über die Roten Beten gießen. Die Gläser noch heiß verschließen und an einem kühlen Ort aufbewahren. So hält sich die eingelegte Rote Bete ein Jahr lang.

Essiggurken S. 42

ca. 1 ½ kg Freilandgurken
2 Dilldolden pro Glas
1 EL gelbe Senfkörner pro Glas
1 TL braune Senfkörner pro Glas

Essigsud:
500 ml Wasser
500 g Zucker
75 ml Essigessenz
60 g Salz

In diesem Jahr habe ich ein Rezept meiner Großmutter Ida ausprobiert: eingelegte Essiggurken mit Blättern der schwarzen Johannisbeere. Die Gurken, die ich letztes Jahr angebaut habe, waren übrigens weiß, daher sehen die Gläser auf dem Foto etwas seltsam aus. Ich habe nicht das Gefühl, dass die Blätter einen großen Unterschied für den Geschmack der Gurken ausmachen, aber optisch machen sie eine Menge her.

Gurken in Scheiben schneiden und mit den Dilldolden und den Senfkörnern in Einmachgläser füllen. Sie können ruhig viele Gurken nehmen und sie kräftig zusammendrücken, sie werden weicher und schrumpfen, wenn der Sud aufgegossen wird.

Die Zutaten für den Essigsud in einem Topf aufkochen lassen, dann den heißen Sud über die Gurken gießen und die Gläser sofort verschließen. An einem kühlen Ort aufbewahren.

Kapitel 2

Das Gewächshaus

NACHDEM ICH EIN PAAR JAHRE hier auf dem Hof gelebt hatte und der Nutzgarten eingerichtet war und in voller Blüte stand, war ich bereit für ein neues Projekt – den Bau eines Gewächshauses. An meinem Haus waren gerade die Fenster ausgetauscht worden, und der ganze Keller stand voller Glasscheiben. Ziegel fand ich günstig gebraucht, dazu brauchte ich nur noch ein wenig Bauholz und Eltern, die in der Lage waren, das Projekt zu managen, zu zimmern und zu mauern.

Dieses grüne Haus kann exotische Pflanzen beherbergen und kälteempfindlichen Nutzpflanzen ein angenehmes Klima verschaffen. Das Gewächshaus ist auch ein perfekter Ort für Setzlinge, die im Frühjahr vorgezogen werden, bevor sie in den Nutzgarten gepflanzt werden, wenn ich auf der Fensterbank keinen Platz mehr habe. Und man merkt, dass der Standort des Gewächshauses günstig ist, denn jedes Jahr wächst es zu wie eine grüne Mauer, und man kann durch die Fenster weder hinein- noch hinaussehen. Aus Rissen im Dach ranken Wein-, Kiwi- und Kürbispflanzen hervor. In ein paar Jahren traue ich mich vielleicht auch, die Gartenschere so forsch einzusetzen, dass ich selbst auch noch Platz finde in meinem Dschungel!

Pflanzenstützen bauen

Wenn Sie im Garten Pflanzen beschnitten haben, können Sie die „Überreste" vielleicht dafür nutzen, eine hoch aufgeschossene Tomatenpflanze abzustützen oder Bohnenpflanzen daran emporklettern zu lassen. Auf meiner Pferdekoppel stehen viele Weiden, deren gerade, lange Zweige sich perfekt eignen, um damit verschiedene Pflanzenstützen zu bauen. Weidenzweige wurzeln jedoch sehr leicht und können ganz plötzlich im Topf oder im Garten zu neuem Leben erwachen. Um das zu vermeiden, können Sie sie eine Saison lang liegen lassen, bevor Sie sie verwenden. Sonst müssen Sie permanent die neuen Triebe abschneiden.

Auch Bambus eignet sich für gerade, gute Stützen, ebenso wie dünne Stangen aus z. B. Fichte oder Esche. Aber auch ein krummer Eichenzweig kann eine schöne Rankhilfe für die Pflanzen sein. Und wenn Sie keine Bäume im eigenen Garten haben, finden sich auch genügend Zweige draußen in der Natur. Denken Sie aber daran, ohne Erlaubnis des Grundstückbesitzers keine Zweige abzubrechen. Beschränken Sie sich am besten auf das, was Sie auf dem Boden finden.

Frische Weidenzweige sind weich und lassen sich leicht flechten. Eine Rankhilfe könnte z. B. aus drei einfachen Zweigen bestehen, die Sie dreieckig angeordnet in die Erde drücken und oben zusammenbinden. Etwas fortgeschrittener sind Konstruktionen, bei denen mehrere Zweige in einem Kreis in den Boden gesteckt und dann dünnere Zweige um sie herum geflochten werden. Lassen Sie Ihrer Fantasie freien Lauf!

Pflanzen mit Glas

Man muss nicht immer ein ganzes Gewächshaus bauen, um von dem Mikroklima zu profitieren, das durch die Glasscheiben entsteht. Der Bau eines Frühbeetes ist etwas einfacher – mehr dazu lesen Sie im nächsten Abschnitt. Sie können auch eine Glasscheibe oder ein Fenster gegen eine Hauswand lehnen und die Pflanzen darunter ziehen.

Ich ziehe den Rhabarber im Frühjahr, indem ich einen großen schwarzen Eimer über die Pflanze stülpe. Die Dunkelheit gaukelt dem Rhabarber vor, er würde sich noch in der Erde befinden, und unter dem Eimer herrscht ein milderes, wärmeres Klima. Der Rhabarber konzentriert dann seine Kraft darauf, schnell nach oben zu wachsen und steckt weniger Energie in die Ausbildung von Blättern – denn diesen Pflanzenteil isst man ja ohnehin nicht.

Warmes und kaltes Frühbeet

Um die Pflanzsaison zu verlängern, kann man Frühbeete bauen. Entweder betätigen Sie sich als Heimwerker oder Sie kaufen Holzaufsatzrahmen mit einem Verschluss. Wenn Sie den Boden mit stark komprimiertem Mist (z. B. Pferdemist) befüllen, der dann mit Pflanzenerde bedeckt wird, erzeugen Sie so ein warmes Frühbeet – die Mikroorganismen, die den Mist zersetzen, sorgen für reichlich Wärme. So können Sie viel früher säen als im Freiland. Wenn Sie die Kästen nur mit Erde befüllen, haben Sie ein sogenanntes kaltes Frühbeet. Mithilfe eines Deckels aus Glas oder Kunststoff sorgen Sie für ein

günstigeres, geschützteres und wärmeres Klima als im Freiland und können früher säen, wenn auch nicht ganz so früh wie beim warmen Frühbeet. In der Regel säe ich den Kohl ganz früh in der Saison, pflanze ihn dann hinaus ins kalte Frühbeet, damit die Pflänzchen mir drinnen nicht den ganzen Platz wegnehmen, bevor ich sie dann schließlich in den Nutzgarten setze. Außerdem profitiere ich bei den Frühbeeten von der neuen Erde, mit der ich sie baue. Darin säe ich auch Wurzelgemüse wie Möhren und Pastinaken, die es im schweren Lehmboden draußen nicht so leicht haben.

Exotische Pflanzen

Mit einem Gewächshaus kann man ein besonders günstiges Sommerklima schaffen und dadurch etwas exotischere Pflanzen ziehen, die sonst eigentlich nicht zum Klima passen. In meinem Gewächshaus finden sich indischer Ginseng genauso wie Aloe Vera, Ingwer, Kurkuma, Zitronen, Kumquat, Granatäpfel, Agaven, Feigen und Kiwis. Sowohl Feigen als auch Kiwis kommen das ganze Jahr über im Gewächshaus klar, aber in der Regel müssen einige dieser exotischen Pflanzen frostfrei überwintern. Wer also wenig Platz hat, sollte vorher daran denken, bevor er zu viel anschafft. Einige Pflanzen kann man auch einjährig anpflanzen und dann ernten, z. B. Ingwer, Kurkuma und indischen Ginseng.

Meine Pflanzen

TOMATEN waren das erste, was ich in meinem Gewächshaus anpflanzen wollte, und Tomaten sind vielleicht auch die typischste Gewächshauspflanze. Eigentlich nicht verwunderlich, denn sie lassen sich leicht ziehen und ergeben eine gute Ernte, meist über einen langen Zeitraum. Außerdem sind Tomaten in der Küche vielfältig einsetzbar, entweder roh oder verarbeitet in warmen Gerichten. Der Unterschied zwischen Tomaten, die an der Pflanze reifen durften und die wir direkt nach der Ernte essen, und denen, die wir im Supermarkt kaufen, ist riesig. Es lohnt sich also, Tomaten anzupflanzen, wenn man ein Gewächshaus hat! Wenn Sie Platz für mehrere Pflanzen haben, bietet es sich an, Tomaten in verschiedenen Farben, Formen und Größen anzubauen, damit wird der Sommersalat besonders hübsch. Denken Sie aber daran, dass Tomaten regelmäßig beschnitten, also Nebentriebe abgeknipst werden müssen, damit sie eine gute Ernte bringen. Ich bin dabei meist nicht so sorgfältig und habe daher jedes Jahr einen grünen Tomatendschungel in meinem Gewächshaus.

GURKEN sind eine weitere Selbstverständlichkeit in meinem Gewächshaus. Gewächshausgurkenpflanzen sind sehr kälteempfindlich und sollten nicht vor dem Sommer ins Gewächshaus gepflanzt werden, wenn der Frost sicher vorbei ist. Freilandgurken zum Einlegen lassen sich dagegen wunderbar im Nutzgarten ziehen. Meist geben sie eine so reiche Ernte, dass Sie genug zum Essen und für grüne Smoothies haben.

SIKKIM- ODER INDISCHE NETZGURKEN sind eine lustige Gurkensorte. Wenn sie reifen, trocknet die Schale und platzt in einem hübschen braun-weißen Muster auf. Die dicke Schale hält die Gurke länger frisch, weshalb man sie recht lange lagern kann, ohne dass sie schlecht wird. Nach dem Schälen schmeckt das Fruchtfleisch dann genauso nach Gurke, wie man es von anderen Sorten kennt.

AUBERGINEN habe ich zwei Sommer lang angebaut, im ersten Jahr kleine lila Früchte mit weißen Streifen, im zweiten Jahr eine klassische Sorte, bei der die Früchte es aber nicht geschafft haben, zum einen aufgrund sehr später Saat, zum anderen aufgrund eines ungewöhnlich schlechten Sommers. Ich versuche es weiter!

OKRASCHOTEN: Ein bei uns eher ungewöhnliches Gemüse, das in der afrikanischen, asiatischen und amerikanischen Küche häufig verwendet wird. Vor ein paar Jahren habe ich Okraschoten im Topf auf meiner Glasveranda gezogen, das ging leicht und ich erhielt eine recht gute Ernte mit länglichen grünen Früchten. Okraschoten werden u. a. im klassischen Südstaatengericht „Gumbo" verarbeitet, lassen sich aber auch gut panieren oder frittieren.

CHILI ist eine meiner Lieblingspflanzen! Wenn Sie nur wenig Platz haben, aber gerne etwas anpflanzen möchten, ist Chili (und dazu vielleicht ein paar Kräutertöpfe) eine hervorragende Wahl. Die Pflanzen ergeben meist eine reiche Ernte, und da man in der Regel keine riesigen Mengen davon verwendet, ist es durchaus möglich, sich selbst zu versorgen. *Jalapeño* und *Spanischer Pfeffer* sind meine Lieblingssorten. Dieses Jahr habe ich aber auch Sorten mit klangvollen Namen wie *Elephant* und *Hot Lemon* ausprobiert. Man kann

Chilis natürlich auch in Töpfen auf der Fensterbank ziehen, wenn man kein Gewächshaus hat. Sie gehören zu den Pflanzen, die man so früh wie möglich säen sollte, daher versuche ich meist schon im Januar, ein paar Samen in die Töpfe zu drücken.

Eine grüne **WEINTRAUBEN**sorte habe ich in einer Ecke meines Gewächshauses gepflanzt. Hier in Südschweden sind viele Weinsorten eigentlich robust genug, um im Freiland zu stehen, doch ich habe mich für das Gewächshaus entschieden, damit etwas hübsch bis unters Dach klettert. Sie geben reichlich Früchte und bringen meist schon im ersten oder zweiten Jahr eine Ernte.

FEIGEN sind ebenfalls ein Gewächs, das eigentlich robust genug für das Freiland ist. Mein Feigenbaum steht aber im Gewächshaus, damit er eine noch bessere Lage hat und weil ich ihn so unheimlich hübsch finde. Der Baum hat seine Größe von Jahr zu Jahr verdoppelt und ist einer der wenigen Obstbäume, die schon in den ersten Jahren Früchte tragen. Im ersten Jahr, als der Baum immer noch im Topf stand, erntete ich zwei Feigen, im zweiten etwa 10, und heute, in der dritten Feigensaison, sind es schon eher 50 Früchte. Und einen größeren Luxus als Feigen aus dem eigenen Gewächshaus kann ich mir kaum vorstellen.

Die **PHYSALIS** ist ein unkompliziertes Gewächs. Die Pflanzen bringen eine gute Ernte, und die kleinen, papierähnlichen Hüllen, in denen die Früchte stecken, machen sie besonders dekorativ.

TOMATILLOS erinnern an eine Kreuzung zwischen Tomaten und Physalis. Sie haben auch die gleiche dekorative Papierhülle. Auf einem Pflanzenmarkt kaufte ich vor vielen Jahren eine Pflanze mit grünen Früchten und erhielt eine recht ansehnliche Ernte. Die Früchte sind gleichzeitig süß und würzig, und normalerweise verarbeitet man sie zu „Salsa verde", einer rohen, grünen Salsa.

Die **KIWI**sorte *Jenny* steht meinem Gewächshaus auch sehr gut. Ich habe sie jetzt in der zweiten Saison und hoffe, dass sie schon im nächsten Jahr Früchte tragen wird. Auch wenn die Kiwi exotisch klingt, überwintert sie im Gewächshaus problemlos.

GRANATÄPFEL habe ich nach einer Reise nach Istanbul gekauft, wo ich mein Frühstück in einem kleinen, von Granatapfelbüschen gesäumten Innenhof zu mir genommen hatte. Meiner erfüllt rein dekorative Zwecke und steht im Sommer im Topf auf der Terrasse, damit ich auch hier mein Frühstück unter einem Granatapfelbusch genießen kann.

KALEBASSENpflanzen wachsen mit ungeheurer Kraft und breiten sich im Sommer in nahezu dem gesamten Gewächshaus aus, haben aber bisher keine Früchte gebracht. Die Früchte kann man nicht nur essen, sondern auch trocknen und als Musikinstrument nutzen oder Schüsseln daraus herstellen.

INGWER, den man im Supermarkt kauft, kann man verkeimen, indem man ihn für ein paar Wochen in die Speisekammer oder einen dunklen Schrank legt, bis er kleine Triebe ausbildet. Pflanzen Sie dann die Knolle so ein, dass sie etwa zur Hälfte mit Erde bedeckt ist. Dann wird daraus eine Pflanze wachsen. Bisher habe ich nur ein paar Blätter geschafft, aber wenn Sie einen guten Sommer erwischen, sind auch ein paar Blüten möglich. Die Knolle wird in einer Saison nicht viel wachsen, es gibt also leider keine größere Ernte, aber dafür sind die jungen Ingwerknollen frisch und lecker.

KURKUMA können Sie genauso ziehen wie Ingwer.

INDISCHER GINSENG, *ashwagandha*, ist eigentlich gar kein Ginseng. Er gehört zu einer anderen Pflanzenfamilie, spielt aber bei Ayurveda, einer uralten asiatischen Heilkunst, eine sehr wichtige Rolle. Die Wurzeln kann man trocknen und daraus Tee brühen. Säen Sie ihn früh, dann können sich die Wurzeln schon in der ersten Saison entwickeln. Die Pflanze ist aber mehrjährig.

ALOE VERA zeichnet sich dadurch aus, dass das Fruchtfleisch dieser exotischen Pflanze sehr beliebt ist zur äußeren Anwendung bei Sonnenbrand. Man kann es aber auch essen. Ich püriere es manchmal in grünen Smoothies. Sie müssen die Blätter aber schälen, die Schale ist sehr bitter.

AGAVE: Ich habe eine kleine Agavenpflanze, eigentlich vor allem deshalb, um zu sehen, wie eine Zutat, die man häufig – oder beinahe täglich – verwendet, tatsächlich aussieht und wächst. Sie vermehrt sich sogar hier im Norden so stark, dass ich Agaven-Babys an die Nachbarn links und rechts verteilen oder jedes Fenster im Haus damit dekorieren kann.

Socca uttapam S. 55

2–3 Stück

Socca-Teig:
1 TL ganzer Kreuzkümmel
150 g Kichererbsenmehl
300 ml Wasser
2 EL Olivenöl + zusätzliches Öl zum Braten
½ TL Salz

Gehacktes Gemüse:
30 g gehackte grüne Paprika
½ Handvoll gehackter Oregano oder Koriander
1 kleine rote Zwiebel, gehackt
½ Chili, gehackt

Zum Servieren
z. B. Keime und Sprossen, das Grün von Frühlingszwiebeln, dünn aufgeschnitten, Chilisauce (Rezept S. 62) und etwas frisch gepresster Zitronensaft

Dieses einfache, kleine Gericht ist wirklich ein Potpourri aus vielen verschiedenen Küchen dieser Welt. Der „Pfannkuchenteig" stammt aus dem provenzalischen Gericht Socca, das eigentlich im Ofen zubereitet wird. Die Inspiration dazu, die Fladen auf dem Herd zu braten und mit Gemüse aus dem Garten zu füllen, habe ich aus den indischen Gerichten dosa und uttapam, die eigentlich aus einem fermentierten Teig aus Linsen und Reis hergestellt werden. Außerdem ähnelt das Gericht dem japanischen okonomiyaki, was übersetzt ungefähr bedeutet „brate das, was du magst". Und genauso funktioniert es: Belegen Sie die Fladen mit dem, was Sie am liebsten mögen, was der Garten und die Saison zu bieten haben.

Kreuzkümmel im Mörser zerkleinern. Zutaten für den Teig mischen und mindestens 1 Stunde quellen lassen.

Eine Bratpfanne erhitzen und etwas Öl hineingeben. Gerade so viel Teig in die Pfanne geben, dass der Boden bedeckt ist, darauf gehacktes Gemüse nach Wahl verteilen. Nach ein paar Minuten den Fladen wenden, wenn er nicht mehr feucht ist und eine schöne Farbe bekommen hat. Auf der anderen Seite braten, bis auch diese schön braun ist.

Hush puppies S. 56

Ca. 20 Stück

400 g Maiskörner
1 gelbe Zwiebel
4–6 Jalapeños, je nach Schärfe
180 g Maismehl
30 g Flohsamenpulver
150 ml Wasser
1 EL Backpulver
3 TL Salz
1 TL schwarzer Pfeffer
Öl zum Braten

In der Küche zu stehen und Hush Puppies zu braten, ist für mich wie eine Reise über den Atlantik in nur wenigen Sekunden. Plötzlich befindet man sich in einer heißen Südstaatenküche, glänzend vor Schweiß an einem weit geöffneten Fenster, durch das der Gesang der Grillen im August hereindringt. Ein weinendes Kind auf der Hüfte und heulende Hunde, die einem um die Füße springen. Dann probiert man ein Stück Teig von dem, was einmal ein Maisbrot werden soll, wirft es in einen Topf mit heißem Öl, um es dann Kind und Hunden gleichermaßen anzubieten und flüsternd zu sagen „hush puppies". Ja, so stelle ich mir einen Donnerstagmittag vor. Im Übrigen schmecken sie gut zusammen mit einer Salsa, als Gericht auf einem Buffet oder einfach als hervorragende Gemüsefrikadellen, die sie ja eigentlich sind.

Mais grob mit einem Stabmixer zerkleinern. Zwiebel und Jalapeños fein hacken. In einer Schüssel alle Zutaten vermengen und rasch zu einem Teig verrühren. In einer Pfanne Öl erhitzen. Kleine Kleckse des Teiges in die Pfanne geben und ein paar Minuten ausbacken.

SOCCA UTTAPAM

HUSH PUPPIES – MANDALA-FLATBREAD MIT ROTEN ZWIEBELN, FEIGEN & KRÄUTERN

Mandala-Flatbread mit roten Zwiebeln, Feigen & Kräutern S. 57

3–4 Brote

15 g Hefe
300 ml lauwarmes Wasser
1 EL Olivenöl + etwas zum Beträufeln
¾ EL Salz
400 g Dinkelmehl
2 rote Zwiebeln
4 Feigen
1 Bund Salbei
1 Rosmarinzweig

Ein exquisites Brot, das Sie zu Suppen oder Salaten servieren können. Auch für ein Buffet oder den Picknickkorb eignet es sich gut. Sie können die Füllung ganz nach Geschmack variieren. Neben dieser Variante mit roten Zwiebeln, Feigen und Kräutern mag ich sie gerne mit Öl beträufelt und mit Zatar bestreut (siehe Rezept auf S. 109).

Hefe im warmen Wasser auflösen und Olivenöl, Salz und Mehl hinzufügen. Zu einem Teig verrühren und ein paar Minuten gründlich durchkneten. Dann drei oder vier kleine Teiglinge formen und auf eine Platte legen. Mit ein wenig Olivenöl beträufeln und mit Klarsichtfolie abdecken. Bei Zimmertemperatur 1 Stunde gehen lassen, dann im Kühlschrank 5–8 Stunden kalt stellen (soll es schneller gehen, können Sie den Teig auch zwei Stunden bei Zimmertemperatur gehen lassen).

Den Ofen auf 250 °C oder auf die höchste mögliche Temperatur vorheizen.

Die Teiglinge mit den Händen oder mit dem Nudelholz zu einem etwa 1 cm dicken, pizzaähnlichen Brot formen. Rote Zwiebeln und Feigen in Scheiben schneiden, Salbei und Rosmarin fein hacken. Die Brote mit Zwiebelringen, Feigenscheiben und gehacktem Salbei und Rosmarin belegen.

Immer ein Brot auf einmal im Ofen ca. 10 Minuten backen, bis es eine schöne Farbe angenommen hat. Am besten verwenden Sie einen Pizzastein, der im Ofen vorgewärmt wird.

TIPP: Wenn Sie einen Pizzastein verwenden, lassen sich die Brote am einfachsten in den Ofen geben, wenn Sie die Teiglinge nach dem Ausrollen auf ein Stück Backpapier legen und erst dann belegen. Das Papier lässt sich einfach auf einen Pizzaschieber ziehen, und dann schieben Sie die Brote mit dem Papier in den Ofen. Nach ein paar Minuten ist der Boden des Brotes so weit getrocknet, dass Sie das Papier herausziehen können, damit das Brot direkt auf dem Stein liegt.

Tomaten-Linsen-Sauce mit Zitrusnote S. 60

4 Portionen

- 10–12 Tomaten
- 2 gelbe Zwiebeln
- 2 Knoblauchzehen
- 2 Salbeizweige (ca. 10 Blätter)
- 50 ml Olivenöl zum Braten
- 1 TL getrockneter Thymian
- Salz und schwarzer Pfeffer
- 180 g Puy-Linsen
- 200–400 ml Wasser
- 1 EL Tamari
- abgeriebene Schale von 1 Zitrone

Zum Servieren:
Spaghetti oder 2 Sommerkürbisse oder Zucchini + 1 Aubergine

Ein Klassiker im sommerlichen Gewand, mit frischen Tomaten und Zitronengeschmack. Diese Sauce eignet sich auch gut für die Zubereitung einer Lasagne.

Tomaten grob hacken oder in Stücke schneiden. Zwiebeln, Knoblauch und Salbei fein hacken. In einem Topf das Olivenöl erhitzen. Zwiebeln, Knoblauch und Gewürze anschwitzen, bis die Zwiebeln weich geworden sind. Dann die Tomaten hinzufügen und etwa 5 Minuten dünsten. Linsen, Wasser und Tamari zugeben und 20 Minuten kochen, bis die Linsen weich sind. Vom Herd nehmen und Zitronenabrieb unterrühren.

Mit gekochten Spaghetti oder Kürbis oder Zucchini und Auberginen servieren. Das Gemüse dazu mit einem Sparschäler zu breiten Nudeln schneiden und in kochendem Wasser kurz blanchieren oder in Olivenöl braten.

Goldene Milch S. 61

1 großes Glas

- 1 × 1 cm frische Kurkuma
- 2 × 2 cm frischer Ingwer
- ½ TL gemahlener Zimt
- 150 ml Hafermilch
- 100 ml Wasser
- 1 TL Agavensirup
- 2 EL getrocknete Kamillenblüten

Zum Servieren:
100 ml Hafermilch
gemahlener Zimt

Ein wärmendes Glas goldene Milch, gefüllt mit meinen Lieblingsgewürzen und Kamille, die auf der Pferdekoppel wächst, ist vielleicht die beste Art, einen Tag zu beenden. Oder warum nicht nach einem Herbstspaziergang bei beißender Kälte, wenn ich über Felder und Weiden gestrichen bin und mich wie eine der Bennet-Schwestern oder eine andere Figur aus einem Jane-Austen-Roman gefühlt habe?

Alle Zutaten in den Mixer geben, pürieren und dann in einen Topf gießen. Erhitzen und ein paar Minuten köcheln lassen. Durch ein Stahlsieb absehen und in ein Glas gießen. 100 ml Hafermilch aufschäumen, ins Glas gießen und das Ganze zum Schluss mit einer Prise Zimt garnieren.

TOMATEN-LINSEN-SAUCE MIT ZITRUSNOTE – GOLDENE MILCH

Muhammara S. 63

Diese würzige Creme schmeckt ganz prima mit Brot zu einem Salat, als Sauce in Wraps oder als Aufstrich auf einer Scheibe kräftigem Brot.

3 rote Paprika
1–2 rote Chilis
80 g Walnusskerne
1 Knoblauchzehe
1 EL Zitronensaft
ca. 50 ml Olivenöl
1 TL Kreuzkümmel
60 g Paniermehl
Salz und schwarzer Pfeffer

Den Ofen auf 250 °C vorheizen. Paprikaschoten waschen, halbieren und das Kerngehäuse entfernen. Die Chilischoten längs halbieren und die Kerne entfernen. Die Paprikahälften mit der Schnittfläche nach unten in eine feuerfeste Form legen und im Ofen rösten, bis die Haut schwarz geworden ist. Das dauert etwa 20 Minuten. Abkühlen lassen, bis Sie die Paprikaschoten anfassen können, dann die Häute abziehen.

In einer trockenen Pfanne die Walnüsse rösten. Mithilfe eines sauberen Küchenhandtuchs die Häute, soweit möglich, abrubbeln.

Alle Zutaten bis auf das Paniermehl in eine Schüssel füllen und mit dem Pürierstab pürieren. Dann das Paniermehl zugeben und unterrühren. Abschmecken und bei Bedarf nachwürzen.

Chilisauce nach Art des Hauses S. 63

Mit einer selbstgemachten Chilisauce kann man ganz hervorragend die Chiliernte verarbeiten. Außerdem ist sie ganz einfach herzustellen, auch wenn die Fermentierung ein wenig Zeit braucht.

Sie können die Sauce auch nur aus Chilis herstellen. Wer verrückt ist oder es sehr, sehr scharf mag, verarbeitet auch die Kerne.

300–400 ml

15 Chilischoten
1 Paprika in der gleichen Farbe wie die Chilis
½ gelbe Zwiebel
4 Knoblauchzehen
1 EL Salz
500 ml Wasser

Chilis und Paprikaschoten waschen, entkernen und in Stücke schneiden. Zwiebel schälen und fein hacken, Knoblauchzehen schälen und in dünne Scheiben schneiden. Mit dem Salz in Einmachgläser mit Gummiring füllen und mit Wasser bedecken. Damit das Gemüse immer mit Flüssigkeit bedeckt ist, ein wenig Wasser in einen Gefrierbeutel füllen, zuknoten und auf das Gemüse legen. Das Glas verschließen und bei Zimmertemperatur 2 Wochen stehen lassen.

Bis auf einen kleinen Rest die Flüssigkeit abgießen. Das Gemüse im Mixer zerkleinern und die Flüssigkeit Esslöffel für Esslöffel hinzufügen, bis Sie mit der Konsistenz zufrieden sind. In Flaschen füllen und im Kühlschrank aufbewahren, wo sich die Sauce mehrere Monate hält.

CASHEW-EIS AM STIEL MIT FEIGEN

Cashew-Eis am Stiel mit Feigen S.64

**5
Eis am Stiel**

50 g Cashewkerne

150 ml Hafermilch

1 Banane

50 ml Agavensirup oder 8 weiche Datteln ohne Stein (durch die Datteln wird das Eis dunkler als auf dem Bild)

Saft und Schale von ½ Zitrone

1 EL Kokosöl

¾ TL Vanillepulver

3 frische Feigen

Eis selbst herzustellen, gehörte lange Zeit nicht zu meinen Lieblingsbeschäftigungen. Ich fand, dass es oft zu hart wurde. Aber dieses Eis am Stiel ist sehr sahnig und lecker. Hier habe ich Feigen genommen, im Sommer schmeckt eine Variante mit Erdbeerscheiben auch sehr gut. Sie können die Eismasse auch mit Schokolade abschmecken. Das Eis auf dem Bild habe ich mit geschmolzener Rohschokolade beträufelt und mit gehackten Mandeln bestreut.

Cashewkerne 5 Stunden in Wasser einweichen. Dann das Wasser abgießen und die Kerne im Mixer mit allen Zutaten bis auf die Feigen zu einer cremigen, glatten Masse pürieren.

Feigen in Scheiben schneiden und die Scheiben an die Seitenflächen der Eisformen legen. Eismasse einfüllen, dann die Formen ein paar Mal auf die Arbeitsplatte klopfen, damit sich die Luftblasen im Eis auflösen. Eisstiele hineinstecken und das Eis ein paar Stunden einfrieren.

Kapitel 3

Der Obstgarten

WER EINEN GARTEN HAT und gerne Zutaten aus dem eigenen Garten verarbeiten, aber nicht so viel Zeit in die Gartenarbeit investieren möchte, für den ist ein Obstgarten die beste Alternative. Er liefert Jahr für Jahr eine Ernte und braucht sehr wenig Pflege. Beerenbüsche und -pflanzen bringen in der Regel schon im ersten oder zweiten Jahr eine Ernte. Dagegen kann einem eine Obstbaumernte schier unendlich weit entfernt vorkommen. Und anstatt dem Garten mit einem neuen Apfelbaum aus der Baumschule neuen Glanz zu verleihen, zieht man stattdessen mit einem Stachelbeerbusch davon, bei dem man weiß, dass er schon nächste Saison voll einsatzfähig ist. Doch ich muss immerzu an die denken, die einmal die Bäume gepflanzt haben, von denen ich heute ernte. Die Bäume stehen dort seit fast 100 Jahren, und jeden Herbst konnten die Menschen, die hier gewohnt haben, Apfelkuchen backen, Apfelmus kochen und den Keller mit den Erntekisten füllen. Ist es nicht fantastisch, dass etwas, was ich heute mache, das Leben der Menschen in 100 Jahren beeinflussen kann?

Ich liebe Bäume und ergreife jede Gelegenheit, einen neuen zu pflanzen. Äpfel der Sorten *Gravensteiner* und *Discovery*, Pflaumen, Aprikosen, Maulbeeren, Nashi-Birnen, Rosenquitten, Mandeln und Walnüsse sind mir bisher gelungen. Besonders schön finde ich, dass die Obstbäume im Frühjahr so hübsch blühen und den Garten in eine flauschige Wolkenlandschaft verwandeln. Es gibt sogar Kirschbäume, die gar keine Früchte tragen, sondern nur wegen ihrer wunderschönen Blüte gepflanzt werden. Im Sommer hänge ich die Hängematte unter dem Birnbaum auf und decke Festtafeln im Halbschatten unter dem Apfelbaum, der auf der Terrasse so schön vor Sonne schützt.

Standort und Mikroklima

Die Landfläche von Schweden ist sehr langezogen und reicht sehr weit in den Norden hinauf, und was ich hier in Skåne anbauen kann, funktioniert nicht zwingend genauso gut oder vielleicht gar nicht weiter nördlich. In meinen Feldern gibt es keine Preisel-, Molte- oder Moosbeeren, dafür aber Brombeeren, Holunder und Bärlauch. Jeder Standort hat seine individuellen Voraussetzungen, und ich finde, ein Garten wird dann am besten, wenn wir die Dinge akzeptieren, wie sie sind, und daraus das Beste machen. Wir sollten also nicht nur altbewährte Dinge pflanzen, sondern stattdessen unseren Garten besser kennenlernen. Die warmen, windstillen Flächen finden, uns das windgeplagte Fleckchen bewusst machen und die gut dränierte Erde oder die wasserarme Senke finden. Jede dieser Umgebungen kann der Standort für fantastische Pflanzen sein, die mit ganz verschiedenen Bedingungen klarkommen. Wenn wir die richtigen Pflanzen an den richtigen Standort setzen, erhalten wir einen prachtvollen Garten, der aus dem, was ihm zur Verfügung steht, das Maximum herausholt.

Wir können aber auch die Bedingungen eines Standorts verbessern oder verändern, indem wir z. B. eine Hecke pflanzen, die dort, wo es sehr windig ist, Windschatten spendet, einen Baum fällen, der zu viel Schatten wirft, oder stattdessen einen Baum pflanzen, wenn bestimmte Gewächse es etwas schattiger mögen. Ein Beispiel aus meinem eigenen Garten ist der Kräutergarten. Er ist umgeben von dicken Buchsbaumhecken. Sie halten den Wind nahezu völlig ab, sind aber gleichzeitig so niedrig, dass sie keinen nennenswerten Schatten werfen, und ich glaube, im Winter schaffen sie ein milderes Klima für meine Kräuter. Deshalb habe ich abgehärtete Salbeipflanzen von gut 80 cm Höhe, von denen ich das ganze Jahr ernten kann, genauso wie Thymian und Petersilie – auch unter der Schneedecke.

Als ich mein Gewächshaus baute, schuf ich auch dort ein kleines Mikroklima. Eine der Wände baute ich statt aus Glas aus Ziegelsteinen, um einen Aprikosenbaum dorthin zu setzen.

Im Nutzgarten kann man z. B. Artischocken an die Ränder pflanzen. Sie schützen vor Wind und, je nachdem, wie man sie platziert, spenden sie auch Schatten.

Bäume pflanzen

Bäume zu pflanzen ist einfach, aber es gibt ein paar Dinge, die man beachten sollte, um so gute Bedingungen wie möglich zu schaffen: Stellen Sie den Baum eine Weile in einen Eimer Wasser. Graben Sie ein reichlich großes Loch, am besten doppelt so groß wie der Topf, in dem der Baum steht. Mischen Sie Kompost- oder Pflanzenerde mit einer kleinen Menge der ausgehobenen Erde. Füllen Sie ein wenig Erde in das Loch, setzen Sie dann den Baum hinein und achten Sie dabei auf die richtige Höhe. Sorgen Sie dafür, dass die Seite mit den kleinsten Zweigen nach Süden zeigt, die Nordseite braucht vielleicht ein wenig Vorsprung, damit der Baum so gleichmäßig und schön wie möglich wächst. Füllen Sie dann mit Erde auf, bis das Loch verschlossen ist. Gründlich wässern und darauf achten, dass der Baum in den nächsten Jahren reichlich Wasser erhält.

Setzen Sie außerdem eine Stütze in Form von eingeschlagenen Pfählen, an denen Sie den Baum festbinden, damit er stabil steht.

In den folgenden fünf Jahren sollten Sie das Gras um den Stamm kreisförmig entfernen. Eine gute Vorbereitung und ein wohlüberlegter Standort in der richtigen Lage begünstigen die Entwicklung des Baumes. Bietet man dem Baum die bestmöglichen Bedingungen, wird er auch schneller Früchte tragen und besser wachsen. Ein Baum, der die Nährstoffe und Flüssigkeit bekommt, die er braucht, wird auch widerstandsfähiger gegen Schädlinge und Krankheiten.

Spalierbäume

Wer eine freie Wand in warmer Lage hat, kann versuchen, dort etwas anzupflanzen, das besonders viel Wärme braucht. Manchmal ist es sogar möglich, auf dem gleichen Grundstück verschiedene Pflanzzonen zu haben, und eine Wand im Windschatten und Südlage ist genauso ein Standort, der die Pflanzen ein wenig südlicher auf der Karte versetzen kann. In Baumschulen gibt es fertige Spalierbäume zu kaufen, doch die Auswahl im Hinblick auf die Sorten ist in der Regel erheblich kleiner als bei den Sorten, die so beschnitten und gezogen wurden, dass sie eine gleichmäßige, schöne Krone bilden. Fragen Sie in Ihrer Baumschule, ob man dort das, was Sie brauchen, bestellen kann. Oder Sie sehen es als ein kleines Projekt an und formen die Bäume selbst. Wie man dabei vorgeht, hängt ganz von Ihren Vorlieben ab. Vielleicht möchten Sie perfekt parallele Zweige haben. Oder Sie finden etwas natürlichere Formen schöner.

Mein Baum ist ganz traditionell aufgebaut (oder wird es wenigstens sein) mit Zweigen, die gleichmäßig vom Stamm aus nach links und nach rechts wachsen. Wählen Sie einen Baum mit Abständen von 30–40 Zentimetern zwischen den Ästen. Wenn irgendwo ein Ast fehlt, kann man diesen mit der Zeit nachziehen. Pflanzen Sie den Baum ein und fixieren Sie dann mithilfe von z. B. Bambusstäben die Äste in die gewünschte Formation. Um den Baum zu formen und die Äste an Ort und Stelle zu halten, beschweren Sie sie bei Bedarf mit kleinen Gewichten. Ein kleiner Stein oder ein Holzscheit, mit einem Seil festgebunden, funktionieren gut. Das Unterfangen mag zunächst hoffnungslos erscheinen, wenn man in der Baumschule steht und die Äste befühlt, aber auch etwas dickere, steifere Äste können geformt werden. Es ist verlockend, überflüssige Zweige abzuknipsen, aber warten Sie damit bis zu den JAS-Monaten (Juli, August und September). Der Baum wird zu gegebener Zeit schön, bis dahin müssen Sie es aushalten, wenn er etwas zottelig aussieht.

Pflege von Obstbäumen

Jahr für Jahr bringen die Obstbäume uns eine Ernte, ohne dass wir sie vorziehen, umpflanzen oder sie besonders verhätscheln müssen. Im Herbst werden sie automatisch durch ihr herabfallendes Laub und vielleicht etwas Fallobst gedüngt. Im Frühjahr kann man ein paar Schaufeln Komposterde oder Rottemist rund um die Bäume verteilen.

Die beste Zeit, um Obstbäume zu beschneiden, sind die JAS-Monate (Juli, August und September). Nehmen Sie zunächst totes Holz sowie Äste weg, die so dicht beieinander sitzen, dass sie aneinander reiben. Danach kürzen Sie lange Jahrestriebe und dünnen die Krone aus. Äpfel und Birnen sollte man jedes Jahr beschneiden, während Pflaumen und Kirschen langsamer wachsen und daher nicht so oft beschnitten werden müssen. Beim Beschneiden der Birnen sollte man vorsichtig sein, nimmt man zu viel weg, bilden sie stattdessen Wassertriebe. Man sieht sie manchmal senkrecht nach oben aus dem Stamm wachsen. Bekommt der Baum zu viele Wassertriebe, müssen auch diese vorsichtig beschnitten werden. Aber Vorsicht: Schneidet man alle auf einmal ab, wachsen im nächsten Jahr mindestens genauso viele nach.

Pflanzen vermehren

Einen Küchengarten anzulegen, kann sehr mühsam sein, vor allem wenn man von Grund auf neu anfängt oder hochtrabende Pläne hat. Doch Gott sei Dank gibt es Möglichkeiten, das zu umgehen. Nutzen Sie das, was Sie und Ihre Bekannten im Garten haben, indem Sie Pflanzen teilen, Samen sammeln, Stecklinge, Ableger, Ausläufer und Wurzeltriebe mitnehmen.

Stecklinge

Wahrscheinlich wissen viele, wie einfach man seine Geranien und andere Topfpflanzen mit Stecklingen vermehrt. Doch das Gleiche gilt tatsächlich auch für viele andere Pflanzen. Ich habe z. B. mehrere schwarze Johannisbeerbüsche bekommen, indem ich ganz einfach Äste von einer älteren Pflanze abgeschnitten habe. Die Äste habe ich dann ins Wasser gestellt, bis sich Wurzeln gebildet haben, und sie danach ausgepflanzt. Genauso mache ich es mit der Fetthenne. Im Sommer pflücke ich große Sträuße, die sehr lange stehen können, bevor sie unansehnlich werden. Zu diesem Zeitpunkt ist die ganze Vase voller Wurzeln.

Ableger

Viele Kletterpflanzen bilden schnell Wurzeln, wenn die Zweige in Kontakt mit Erde kommen. Haben sich an einem Zweig bereits Wurzeln gebildet, kann man diesen abschneiden und einpflanzen. Dieser Effekt lässt sich aber auch provozieren, indem man einen Zweig auf den Boden legt und ein Stück davon mit Erde bedeckt. Damit er liegen bleibt, kann man ihn mit einem Gewicht, z. B. einem Stein beschweren. So habe ich u. a. Kiwi- und Weinpflanzen vermehrt. Wein lässt sich aber auch sehr gut mit Stecklingen vermehren.

Ausläufer

Dank der Ausläufer, die ich von Verwandten und Freunden bekommen habe, konnte ich zwei Erdbeerfelder anlegen, eines mit frühen intensiv schmeckenden Leckereien und eine Sorte, die sich bis zum Frost ernten lässt – ohne dass es etwas gekostet hat. Wenn sich an der Ausläuferpflanze Wurzeln gebildet haben, schneidet man sie von der Mutterpflanze ab und pflanzt sie ein. Es ist immer eine gute Idee, Ausläufer von seinen Erdbeerpflanzen abzuschneiden, egal ob man neue Pflanzen daraus ziehen möchte oder nicht. Sie rauben der Mutterpflanze nämlich Energie. Erdbeerpflanzen neigen dazu, Krankheiten zu bekommen, daher sollten Sie, um dafür zu sorgen, dass es Ihren Pflanzen gut geht, nur Ausläufer von ein- oder vielleicht zweijährigen Pflanzen nehmen und alle fünf Jahre ein neues Erdbeerfeld an einem anderen Standort anlegen.

Birkensaft abzapfen

Wenn der Frost im Frühjahr nachlässt und der Saft wieder durch die Baumstämme nach oben steigt, zapfe ich manchmal Saft bei meinen Birken ab. Wenn man den Baum so wenig wie möglich verletzen möchte, reicht es schon, einen Ast abzusägen und eine Plastikflasche über dem Stumpf zu befestigen. Der Baum heilt die Stelle selbst, sie wird nach ein paar Tagen aufhören zu bluten. Wenn Sie aber mehr Saft haben möchten, können Sie stattdessen etwa 1 m über dem Boden ein Loch bohren. Ich verwende einen 8 mm Bohrer und leite dann einen Schlauch mit dem gleichen Maß vom Baum in einen Behälter. Diesen Behälter lehrt man nach Bedarf und zapft den Saft ab, bis der Baum verheilt ist. Alternativ können Sie das Loch mit einem zurechtgesägten Holzzapfen und etwas Moos verschließen. Sie sollten nicht jedes Jahr den gleichen Baum anzapfen, sondern ihm einige Jahre Ruhe gönnen. Dieser Vorgang zehrt an dem Baum, auch wenn man nur einen kleinen Teil des Safts entnimmt. Bohrt man zu große Löcher oder zu oft, kann der Baum Schaden nehmen oder im schlimmsten Fall absterben.

Den Saft kann man entweder anstelle von Wasser zum Mischen von Säften nehmen oder ihn einfach pur trinken.

Dass Sie den Birkensaft nicht ohne Erlaubnis von fremden Bäumen abzapfen dürfen, sollte selbstverständlich sein.

Meine Pflanzen

Bei ÄPFELN ist es mir gelungen, vollständig Selbstversorger zu sein. Vielleicht einfach nur deshalb, weil es mir sehr wichtig war, dafür zu sorgen, dass es auf dem Hof auch in Zukunft Apfelbäume gibt. Einen Gravensteiner-Baum pflanzte ich bereits im ersten Jahr, als ich hierher zog, und etwas später kam ein Discovery dazu. Außerdem habe ich noch zwei alte Apfelbäume, einen mit sehr gut schmeckenden Früchten und einen, der mich eher an einen Wildapfel erinnert, mit Winteräpfeln, die sich nach ein paar Monaten Lagerung kaum mehr als Pferdeleckerei eignen. Großmutter findet aber, dass sie sich hervorragend zum Backen eignen. Und das ist ja auch schon etwas.

BIRNEN gehören eigentlich nicht zu meinen Lieblingsfrüchten. Ich finde, sie sind wie langweilige Äpfel – natürlich nur, bis die Früchte an meinem eigenen Baum am Ende des Sommers reif werden, diese Birnen sind fantastisch. Ich verarbeite sie u. a. in einem rohen Buchweizenbrei (siehe Seite 80) und trockne sie zu weichen Chips mit Zimt (siehe Seite 93).

Die APRIKOSE habe ich im letzten Frühjahr an einer warmen Wand als Spalierbaum gepflanzt. Sie wächst sehr gut, ich werde daher nicht mehr allzu lange auf die Früchte warten müssen.

PFIRSICH: Pfirsichbäume erkranken leicht an der Kräuselkrankheit, etwas, was den frisch gepflanzten Bäumen meiner Eltern den Garaus gemacht hat. Ich werde dem Pfirsichbaum jedoch demnächst in meinem Garten eine Chance geben. Denn können Sie sich einen größeren Luxus vorstellen als sonnenverwöhnte Pfirsiche aus dem eigenen Garten? Obwohl Pfirsiche eigentlich furchtbar exotisch wirken, gibt es Sorten, die tatsächlich bis etwa Klimazone 3 abgehärtet sind.

Die KIRSCHE ist ein zuverlässiger Obstbaum, der sich dank all der Vögel, welche die Beeren mögen, leicht vermehrt. Ich mag jedoch den Geschmack von zubereiteten Kirschen nicht, daher ist es für mich nur ein Vergnügen, direkt in den Garten zu gehen und die Früchte vom Baum zu naschen.

PFLAUMENbäume können unglaubliche Mengen an Früchten bringen, und weil sie genauso schnell und plötzlich überreif werden, wie sie reifen, ist es manchmal schwierig, alle zu verarbeiten. Frieren Sie entsteinte Früchte ein und kochen Sie Pflaumenkompott in Ihrem größten Topf.

KRIECHEN-PFLAUMEN: Eine kleinere Verwandte der Pflaumen, sie sind nicht ganz so saftig und haben einen leicht anderen Geschmack. Hier in der Gegend gibt es einige wilde Bäume, und als ich Kind war, pflückte unsere Familie immer große Kriechen-Ernten für die Saft- und Geleeproduktion.

MAULBEEREN wurden in der schwedischen Region Skåne mindestens schon seit der Zeit angepflanzt, als Königin Lovisa Ulrika im 18. Jahrhundert herrschte. Die wollte sich nämlich in Seide kleiden, und zwar mithilfe der Larven, die sich in Maulbeerbäumen besonders wohl fühlen. Wenn ich im Spätsommer meine Heimatstadt Ystad besuche, nasche ich immer von den Beeren, die an den in der ganzen Stadt wachsenden Bäumen hängen. Schließlich entschied ich mich, einen eigenen Baum zu pflanzen, aber ich warte immer noch auf die erste Ernte.

MANDELN: Der absolute Luxus in der pflanzenbasierten Küche ist meiner Meinung nach selbst gemachte Mandelmilch. Mein Baum wächst gut, zeigt im Frühjahr ein paar Blüten und schafft auch ein paar mickrige Früchte. Der Traum ist jedoch umso größer geworden: Stellen Sie sich selbst gemachte Mandelmilch von Mandeln aus dem eigenen Garten vor …! Mandelbäume sind leider nicht besonders widerstandsfähig und eignen sich am besten für die Klimazone 1 in warmer geschützter Lage.

WALNÜSSE: Ich habe einen neu gepflanzten Walnussbaum. Diesen Baum habe ich in meinen neu angelegten Nutzgarten gepflanzt, um diesen in Zukunft auf bestmögliche Weise zu schmücken. Der Walnussbaum ist etwas widerstandsfähiger als der Mandelbaum, es gibt verschiedene Sorten mit unterschiedlicher Widerstandsfähigkeit.

MOOSBEEREN: Ich besitze ein paar Pflanzen, doch sie haben es schwer auf dem Platz, wo die Hühner scharren. Und obwohl die Büsche gut wachsen, bringen sie keinen Ertrag. Ich muss sie wohl an einen ruhigeren Ort umpflanzen und hoffen, in der Zukunft dann Beeren zu bekommen.

HIMBEEREN sind wahrscheinlich die leckersten Beeren im Obstgarten, aber auch die Blätter lassen sich verarbeiten. Sie können sie trocknen und daraus einen Tee brühen. Er schmeckt gut und soll bei Regelschmerzen lindernd wirken.

ERDBEEREN habe ich erst vor kurzem auf zwei kleine Flächen im Garten gepflanzt. Ich bekam nämlich kleine Pflanzen von meinem Vater, einer Freundin und der Schwester meiner Großmutter geschenkt. Schon im ersten Jahr gab es ein paar Erdbeeren, doch im Jahr danach pflückte ich eimerweise sowohl von einer frühen als auch einer späten Sorte, die bis zum Frost geerntet werden kann.

BLAUBEERbüsche möchten in saurem Boden stehen und sind daher für meinen Lehmboden eher nicht geeignet. Außerdem mag ich die wilden, kleinen Blaubeeren lieber als die großen amerikanischen Kulturheidelbeeren. Also ziehe ich im Sommer lieber in den Wald und pflücke Blaubeeren, als Energie auf das Pflanzen zu verschwenden.

JOHANNISBEEREN sind hier auf dem Hof sehr gefragt. Die Hühner fangen an, sich an ihnen zu bedienen, wenn sie noch rosa sind. Und weil meine Eltern sowieso Beeren im Überfluss haben, pflücke ich lieber dort und überlasse meine roten Johannisbeeren den Hühnern. Am liebsten mag ich schwarze Johannisbeeren. Die Blätter lassen sich zu Tee verarbeiten oder auch wie Holunderblüten zu einem Saft. Außerdem lassen sie sich durch Stecklinge leicht vermehren. Einfach einen Zweig abschneiden und einige Wochen in die Vase stellen, bis sich ein paar Wurzeln gebildet haben, dann direkt in die Erde pflanzen.

Auf **STACHELBEEREN** kann man sich verlassen – ich habe im letzten Herbst einen neuen Busch gepflanzt und er hat bereits diesen Sommer massenhaft Beeren getragen! Als sie gerade zu reifen anfingen, waren sie allerdings auch schon von den Hühnern verspeist. Nächstes Jahr muss ich sie also einzäunen.

ARONIA ist eine prima Heckenpflanze, die schöne Herbstfarben bringt und außerdem reichlich Superbeeren trägt. Leicht zu pflegen und widerstandsfähig. Die Beeren lassen sich jedoch nicht so gut pur essen, ich püriere sie gerne in einem Smoothie. Doch sie sind im Herbst bei den Hühnern und Vögeln beliebt, daher beeilte ich mich, sie zu ernten und einzufrieren.

GOJI-Pflanzen habe ich aus Samen in Töpfen vorgezogen, und sie wuchsen unglaublich gut. Als ich sie dann aus dem Topf in die Erde gepflanzt habe, wurden sie immer schwächer und waren nach dem Winter tot. Wären sie besser umsorgt worden, hätten sie es sicher gut überstanden. Aber ich habe von anderen, die Goji gepflanzt haben, gehört, dass die Büsche zwar stark wachsen, aber nur kleine Ernten bringen. Daher habe ich darauf verzichtet, neue Büsche zu säen oder zu pflanzen.

Grundrezept Kombucha S. 78–79

1 + 2 l Wasser

180 g Zucker

2 EL neutrale Teeblätter: grüner, Oolong-, schwarzer oder weißer Tee

Kombuchakultur, d. h. den „Pilz"+ 400–500 ml fertiger Kombucha

Brühtemperatur

Grüner Tee & Oolong: 70–85 °C

Schwarzer Tee: 95–100 °C

Weißer Tee: ca. 75 °C

Aromatisierungen

Schwarze Johannisbeeren
700 ml Kombucha

1 Handvoll frische oder tiefgekühlte schwarze Johannisbeeren

Blaubeeren
700 ml Kombucha

1 Handvoll frische oder tiefgekühlte Blaubeeren

Himbeeren
700 ml Kombucha

1 Handvoll frische oder tiefgekühlte Himbeeren

Ingwer/Passionsfrucht
700 ml Kombucha

1 EL geriebener Ingwer

1 Passionsfrucht

Kurkuma
700 ml Kombucha

½ EL frische Kurkuma (1 Stück so groß wie der kleine Finger)

In einem Topf 1 l Wasser erhitzen, schauen Sie links in der Tabelle nach der richtigen Temperatur. Den Topf vom Herd nehmen und Zucker und Teeblätter hineingeben, sie dürfen 10–15 Minuten ziehen. Dann noch 2 Liter Wasser hinzufügen und die Teeblätter abseihen oder die Teebeutel herausnehmen. Den Tee auf Zimmertemperatur abkühlen lassen. In Glasgefäße umfüllen und den Kombuchapilz hineingeben. Die Gefäße mit einem Stück Stoff, das mit einem Gummi befestigt wird, verschließen.
Jetzt beginnt die Fermentation, und je nachdem, wie warm es in Ihrer Küche ist, wie groß oder wie frisch Ihr Kombuchapilz, welchen Tee Sie verwenden usw., dauert es unterschiedlich lang, bis Ihr Kombuchaansatz fertig ist, aber in der Regel sollten Sie mit etwa anderthalb Wochen rechnen. Es hängt auch von Ihrem Geschmack ab. Schmecken Sie ihn nach einer Woche ab. Ist er zu süß, lassen Sie in noch ein paar Tage stehen, bis er Ihnen schmeckt.
Jetzt heben Sie den Kombuchapilz aus dem Gefäß und legen ihn in eine Schüssel. Den Kombucha in Flaschen oder Gläser füllen und nach Geschmack aromatisieren. Ziehen lassen. Nach ein paar Stunden ist er bereits trinkfertig, aber Sie können ihn auch ein paar Tage ziehen lassen. Vor dem Servieren abseihen. Heben Sie 400 bis 500 ml des fertigen Kombuchas auf, bevor Sie ihn in Flaschen abfüllen und aromatisieren. Daraus können Sie einen neuen Ansatz herstellen, wenn Sie noch mehr Kombucha haben möchten. Für Kombucha mit Kohlensäure nehmen Sie eine Flasche mit luftdichtem Verschluss und lassen den Kombucha darin 1–3 Tage bei Zimmertemperatur stehen, nachdem Sie ihn geerntet haben (dieser Begriff wird für Kombuchakulturen verwendet und bedeutet ganz einfach, dass er trinkfertig ist und man Pilz und Flüssigkeit getrennt hat), entweder vor oder nach dem Aromatisieren.

Birnen-Buchweizenbrei in Variationen S. 82

1 Portion

110 g ganzer geschälter Buchweizen

1 Birne

Zum Servieren:
1 EL Mandelbutter

100 ml Hafermilch

1 klein geschnittene Frucht

Ich bevorzuge mein Frühstück normalerweise kalt anstatt warm. Deshalb sind diese Varianten des Buchweizenbreis mir in meiner Morgen Routine lieb und teuer. Man bereitet ihn am Abend vorher mit dem Einweichen vor, und dann geht es am nächsten Morgen ganz schnell. Die rohe Variante bekommt eine leicht kernige, aber cremige Konsistenz, wenn sie püriert wird, während die gekochten ganzen Buchweizenkörner einen herrlichen Kauwiderstand und eine „perlige" Textur ergeben.

Buchweizen über Nacht oder mindestens 5 Stunden lang einweichen. In ein Stahlsieb abgießen und den Schleim, der sich gebildet hat, gründlich abspülen.

Nun gibt es verschiedene Möglichkeiten:
1. Sie erhalten einen rohen Brei, wenn Sie den Buchweizen mit einer Birne ohne Kerngehäuse zu einem glatten Brei pürieren.
2. Sie erhalten einen teilweise rohen Brei, wenn Sie die Hälfte des Buchweizens zusammen mit der Birne pürieren und den restlichen Buchweizen 2–3 Minuten kochen. Das heiße Wasser abgießen und den gekochten Buchweizen mit kaltem Wasser abspülen, dann mit dem Brei vermengen.
3. Sie kochen den ganzen Buchweizen 2–3 Minuten, gießen das Wasser ab und spülen ihn ab, wenn Sie den Brei kalt essen möchten. Mit klein geschnittener Birne servieren.

Servieren Sie den Brei mit Mandelbutter, Hafermilch und der Birne oder einer anderen, in Stücke geschnittenen Frucht.

Zimt-Apfel-Schnecken S. 83

Ca. 30 Schnecken

100 ml Kokos- oder Rapsöl

60 g Kokosblütenzucker oder 90 g normaler Zucker

½ TL Salz

2 TL zerstoßene Kardamomsaat

500 ml Hafermilch

50 g frische Hefe

850 g Weizenmehl

Füllung:

60 g Sonnenblumenkerne oder Mandeln

3 Äpfel ohne Kerngehäuse

100 ml Kokosöl

60 g Kokosblütenzucker oder 90 g normaler Zucker

2 EL Zimt

Glasur:

Hafermilch und Kokosblüten- oder Hagelzucker

Beginnen Sie mit dem Teig: Öl, Zucker, Salz und Kardamom in einer großen Schüssel verrühren.

Milch auf 37 °C erwärmen, die Hefe hinzufügen und in der Milch auflösen. Dann die Milch in die Schüssel gießen und umrühren, während Sie das Mehl nach und nach hinzufügen. Den Teig in der Küchenmaschine mit dem Teighaken ein paar Minuten durchkneten, dann unter einem Backtuch oder Küchenhandtuch 45 Minuten gehen lassen.

Für die Füllung Sonnenblumenkerne oder Mandeln im Mixer zu Mehl verarbeiten. Äpfel, Kokosöl, Zucker und Zimt hinzufügen und zu einer glatten Masse pürieren. Sie können auch einen der Äpfel fein hacken und nach dem Pürieren zur Masse hinzufügen. Die kleinen Stücke intensivieren den Apfelgeschmack.

Den Ofen auf 225 °C vorheizen.

Den Teig halbieren. Die eine Hälfte zu einem flachen Rechteck ausrollen, ca. 40 × 50 cm. Auf dem Rechteck die Zimtfüllung verteilen und den Teig von der Längsseite her aufrollen. Die Rolle in 2–3 cm dicke Scheiben schneiden und diese auf ein mit Backpapier ausgelegtes Backblech legen. Zugedeckt 20 Minuten gehen lassen. Jetzt mit Hafermilch bepinseln und mit etwas Kokosblüten- oder Hagelzucker bestreuen. Mit der zweiten Teighälfte genauso verfahren.

Im Ofen ca. 10 Minuten backen.

BIRNEN-BUCHWEIZENBREI IN VARIATIONEN – ZIMT-APFEL-SCHNECKEN

WEICHER APFELKUCHEN

1
Kuchen

180 g gesiebtes Dinkelmehl

30 g Flohsamenpulver

150 g Zucker (z. B. Kokosblüten- oder normaler Zucker)

3 TL Backpulver

½ TL im Mörser zerstoßene Kardamomsaat

2 Prisen Salz

200 ml Hafermilch

75 ml Rapsöl

Füllung:
2 Äpfel

1 EL Zucker

2 TL Zimt

15 g Mandelstifte oder gehackte Mandeln

1 TL getrockneter Zitronenthymian

Weicher Apfelkuchen S. 84

Weiche Kuchen können sonntagnachmittags um drei Uhr Lebensretter sein, wenn unerwartet ein Gast für eine Tasse Kaffee vor der Tür steht. Dieser hier basiert auf Zutaten, die ich immer im Haus habe – Äpfel aus dem eigenen Garten, im Keller eingelagert, sind plötzlich der pure Luxus, wenn der Rest der Welt in Winterruhe liegt –, und den Teig muss man nur kurz zusammenrühren. Kein Kneten, nicht unnötig viel Abwasch, sondern nur das Heimelige und Selbstverständliche in einem lauwarmen Apfelkuchen.

Den Ofen auf 175 °C vorheizen. In einer Schüssel die trockenen Zutaten für den Teig mischen. Hafermilch und Rapsöl unterrühren. Den Teig in eine gefettete Form füllen.

Äpfel vom Kerngehäuse befreien und in Spalten schneiden. In einer Schüssel Zucker und Zimt mischen und darin die Apfelspalten wenden, bis sie gleichmäßig mit der Zuckermischung bedeckt sind. Die Äpfel in die Kuchenform füllen und in den Teig drücken, zum Schluss Mandelstifte und Zitronenthymian darüberstreuen.

Auf mittlerer Schiene im Ofen 45 Minuten backen und mit der Stäbchenprobe testen, ob der Kuchen fertig ist.

3
Liter

3 l Wasser

3 Teebeutel roter Tee

2 EL Agavensirup

3 Zweige Zitronenmelisse

10 Erdbeeren, in Stücke geschnitten

1 Pfirsich, in Stücke geschnitten

1 Zitrone

Eistee S. 86

Von meinen drei Katzen ist eine, Finn, ein richtiger Schlemmer geworden, der am liebsten das isst, was wir essen. Während der Arbeit an diesem Buch war er natürlich immer in der Nähe und hat seine Nase in und an alles gesteckt, was herumstand. Sogar der Eistee interessierte ihn, dieses einfache, aber wunderbare Getränk, das Essenseinladungen einen festlichen Touch verleiht und im Sommer am besten immer im Kühlschrank steht, damit man an heißen Tagen auch immer genug trinkt.

Wasser aufkochen lassen, die Teebeutel hineingeben und ein paar Minuten ziehen lassen. Mit Agavensirup süßen und die Zitronenmelisse sowie die Obststückchen hineingeben. Abkühlen lassen. Den Saft von einer halben Zitrone auspressen und zum Tee geben, die andere Hälfte in Scheiben schneiden und ebenfalls in das Gefäß geben. Kalt stellen und am besten ein paar Stunden ziehen lassen.

EISTEE – TIPPERARY APPLE CIDER

Tipperary Apple Cider S. 87

Ca. 7 Liter

2 kg Äpfel
7 l Wasser
4 Zitronen
1 kg Zucker

Vor einigen Jahren bekam ich dieses Rezept von meinem Onkel, der Bekannte im irischen Dorf Tipperary hatte. In jedem Herbst brauen sie diesen leckeren Cider. Er ist nicht so süß und fruchtig wie einige schwedische Sorten, sondern geht eher in Richtung Bier, wie es beim irischen Cider oft der Fall ist. Mir gefällt es, einen Teil der Apfelernte so zu verarbeiten und dann lange, lange Freude am Cider zu haben, wenn er nur kalt genug aufbewahrt wird.

Die Äpfel waschen und vierteln, mit der flachen Seite eines Messers leicht zerdrücken.

In einen großen Topf oder Eimer legen, mit Wasser begießen und 1 Woche bei Zimmertemperatur stehen lassen. Einmal täglich umrühren.

Mit einem Schöpflöffel die Äpfel herausnehmen. Zitronen halbieren, den Saft auspressen und dann mit Zitronenhälften und Zucker zum Apfelsaft geben und umrühren. Den Cider noch einen Tag stehen lassen. Dann abseihen, in Flaschen füllen und kalt stellen.

Gegrillte Pfirsiche mit roher Karamellsauce und Kokos S. 90

4 Portionen

6 Pfirsiche

Salzkaramellsauce aus Datteln:
12 weiche Datteln
150 ml Pflanzenmilch, z. B. Soja- oder Hafermilch
1 TL Vanillepulver
3 Prisen Salz oder nach Geschmack

Zum Bestreuen:
40 g Kokosflocken, geröstet
abgeriebene Schale von 1 Zitrone

Pfirsiche halbieren und entsteinen. Auf einem Rost über der Glut die Pfirsichhälften auf beiden Seiten grillen, bis sie leicht Farbe angenommen haben und weich geworden sind. Sie können Sie auch im Ofen bei 200 °C 20–25 Minuten backen; legen Sie sie dafür mit der Schnittfläche nach oben in eine feuerfeste Form.

Datteln entsteinen, dann alle Zutaten für die Sauce im Mixer oder mit einem Stabmixer pürieren. Mit Salz abschmecken. Die Pfirsiche leicht abkühlen lassen, dann mit der Karamellsauce beträufeln und mit Kokosflocken und abgeriebener Zitronenschale bestreuen.

Eton Mess mit Rhabarberkompott S. 91

4 Portionen

Rhabarberkompott:
50 ml Wasser
2 EL Agavensirup
2 Prisen Vanillepulver
350 g Rhabarber, in Stücke geschnitten

Eis:
4 tiefgekühlte Bananen
50 ml Hafermilch
2 Prisen Vanillepulver

Topping:
65 g Mandeln
evtl. Blätter von Minze oder Zitronenmelisse

Eton Mess ist ein traditionelles englisches Dessert, bei dem man verschiedene Leckereien zu einem „Mess", also einer Art Schweinerei, zusammenmischt. Im Frühjahr und Sommer koche ich Rhabarberkompott, das ich mit einem Vanilleeis aus Bananen, ein paar frischen Kräutern und gerösteten Mandeln esse.

Beginnen Sie mit dem Rhabarberkompott: Wasser, Agavensirup und Vanillepulver in einem Topf verrühren, Rhabarber hinzufügen und aufkochen lassen. Ein paar Minuten köcheln lassen, ohne zu viel zu rühren. Wenn der Rhabarber etwas weicher geworden ist, den Herd abschalten und den Deckel aufsetzen, damit der Rhabarber nachziehen und weich werden kann. Vollständig abkühlen lassen.

In einer trockenen Pfanne Mandeln rösten, bis sie eine schöne Farbe haben. Dann grob hacken.

Bananen mit Hafermilch und Vanillepulver zu einem glatten, cremigen Eis pürieren.

Das Eis mit dem Kompott, den gehackten Mandeln und nach Geschmack mit ein paar Minze- oder Zitronenmelisseblättern garnieren.

GEGRILLTE PFIRSICHE MIT ROHER KARAMELLSAUCE UND KOKOS – ETON MESS MIT RHABARBERKOMPOTT

Birnenchips mit Zimt S. 92

eine beliebige Menge Birnen
Zimt

Äpfel gehören zu den Zutaten, die sich über mehrere Monate einlagern lassen. Etwas anders sieht es bei ihren Verwandten, den Birnen, aus. Als ich also einmal versuchte, einige weiche Birnen vor dem Zorn der Fruchtfliegen zu bewahren, trocknete ich sie mit Zimt bestreut und entdeckte zu meiner Freude eine richtige Geschmackssensation. Die süßen Birnen hatten einen beinahe karamellähnlichen Geschmack bekommen, und endlich kann ich die Birnen von all meinen Bäumen verarbeiten, ohne dass sie verfaulen.

Die Birnen in ca. 2 mm dünne Scheiben schneiden. Birnen müssen nicht geschält und meist nicht einmal entkernt werden, denn ihre Kerngehäuse sind sehr klein. Mit Zimt bestreuen. Die Birnenscheiben in einen Dörrapparat legen und etwa 10 Stunden trocknen, bis sie völlig trocken sind. Man kann sie auch im Ofen auf der niedrigsten Stufe trocknen.

Schokoladenbruch mit getrockneten Beeren und Blüten S. 94

150 g Kakaobutter, fein gehackt
100 g Rohkakaopulver
ca. 50 ml Agavensirup
¼ TL Salz

Meine Aromatisierungen:
Kornblumen/Blaubeeren/Kakaonibs
Kornblumen/Lavendel/Kakaonibs
Ringelblume/Kakaonibs
Birnenchips mit Zimt/Salzflocken

Um den Überfluss des Gartens während der Sommermonate zu verarbeiten, trockne ich Blüten, Kräuter, Früchte und Beeren. Damit kann man Torten und Gebäck verzieren oder sie über eine Smoothie-Bowl streuen.

Im Wasserbad die fein gehackte Kakaobutter schmelzen. Es ist wichtig, dass kein Wasser in die Schokolade gelangt. Die Schüssel vom Herd nehmen, wenn die Kakaobutter geschmolzen ist. Das Kakaopulver durch ein Sieb hinzufügen und beide Zutaten zu einem glatten Teig verrühren, mit Agavensirup und Salz abschmecken.

Ein Stück Backpapier auf einem Tablett oder großen Schneidebrett ausbreiten. Die Schokoladenmasse auf dem Backpapier verteilen und nach Ihrem Geschmack bestreuen.

Abkühlen und fest werden lassen, bevor Sie die Schokolade in Stücke brechen.

SCHOKOLADENBRUCH MIT GETROCKNETEN BEEREN UND BLÜTEN

Kapitel 4

Der Kräutergarten

DER KRÄUTERGARTEN ist ein ganz besonderer Ort, beherbergt er doch nicht nur eine Kräuterapotheke, sondern auch ein ganzes Gewürzregal, das für die i-Tüpfelchen bei aufwendigen Abendessen, süßen Desserts, Gebäck, Tees oder für Ihr Spa zu Hause sorgt. Weil unsere Gewürzkräuter über so konzentrierte Aromen verfügen, braucht man in der Regel keine großen Mengen, und sie eignen sich daher ganz hervorragend, auch wenn Sie nur wenig Platz auf dem Balkon oder am Küchenfenster haben.

Schon seit Jahrhunderten werden Kräuter für diverse Hausmittelchen, Medikamente und zum Wahrsagen verwendet, und das ist nicht verwunderlich. Viele Kräuter wirken stärker auf uns als andere Pflanzen, wenn es z. B. um Schmerzlinderung und die Heilung verschiedener Leiden geht. Daher sollten Kräuter nie in größeren Mengen konsumiert werden, und wer Medikamente nimmt, schwanger ist oder stillt, sollte besonders vorsichtig sein und genau prüfen, welche Kräuter ungeeignet sind. Eigentlich gilt für alle Pflanzen und Lebensmittel, dass man sie nicht überdosieren sollte, doch bei den Heilpflanzen im Kräutergarten ist es besonders wichtig. Ein Beispiel hierfür könnte so etwas Unschuldiges wie eine Pflaume sein – schon nach dem Verzehr von vier bis fünf Stück kann man sich möglicherweise schlecht fühlen. Wie immer gilt, dass man am besten ausgewogen und in normalen Mengen essen sollte.

Kräuter trocknen

Wenn man einen Kräutergarten oder eine Sammlung von Kräutertöpfen auf dem Fensterbrett hat, gibt es viele Möglichkeiten, die Kräuter zu verwenden. Frisch sind sie natürlich am besten zu verarbeiten. Sie können aber auch abwarten, bis sie blühen und Samen entwickeln, die Sie dann sammeln. Koriander und Kümmel sind Beispiele für besonders leckere und gut zu verarbeitende Samen. Kräuter lassen sich auch gut einfrieren, dabei behalten sie recht gut ihren frischen Charakter. Getrocknete Kräuter lassen sich einzeln als Gewürze und in Gewürzmischungen verwenden sowie als Tee (Rezepte für leckere Kräutertees finden Sie auf Seite 106).

Sie sollten die Kräuter ernten, bevor sie blühen, dann schmecken sie am besten. Das sollte idealerweise tagsüber oder abends nach einem regenfreien Tag erfolgen. Dann hatten sie nach dem Morgentau ausreichend Zeit zu trocknen. Hängen Sie sie an einen dunklen, trockenen und luftigen Ort – direkte Sonneneinstrahlung unbedingt vermeiden! Nach gut einer Woche sind sie vollständig trocken und können abgezupft und in Gläsern aufbewahrt oder zu verschiedenen Kräuter- oder Teemischungen verarbeitet werden. Hacken sollten Sie die Kräuter nicht. Sie bewahren ihr Aroma am besten, wenn sie ganz sind. Bewahren Sie sie trocken und dunkel auf, in einen Küchenschrank oder in der Speisekammer.

Kräuterpflanzen für die Tiere

Ich habe schon viel über den Kreislauf der Natur erzählt, ohne dabei hinreichend zu betonen, welch wichtigen Anteil die Tiere dabei tragen. Denn Gott sei Dank sind wir nicht allein auf dieser Welt, und es gibt vieles, was wir tun können, um den Tieren das Leben zu erleichtern – und vieles, was sie uns dafür zurückgeben. Im Kompost und in der Erde, die wir zum Pflanzen verwenden, sind wir abhängig von den Regenwürmern, welche die Erde zersetzen. Im Nutzgarten übernehmen sie eine Art Hausmeisterfunktion, graben um und lockern auf. Außerdem sind wir abhängig von Bienen und anderen Insekten, welche die Pflanzen bestäuben. Mit vielen Insekten im Garten erhalten wir in der Regel auch größere Ernten.

Hier dienen die blühenden Pflanzen im Kräutergarten geradezu als Lebensretter, denn Bienen und Hummeln lieben Oregano, Zitronenmelisse und Minze. Auch ist es sinnvoll, dafür zu sorgen, dass man früh blühende Blumen im Garten hat, die den eifrigen Bienen und Hummeln, die gerade aus dem Winterschlaf erwacht sind, die erste Nahrung bieten. Löwenzahn ist besonders gut, also freuen Sie sich über einen mit gelben Blüten gespickten Rasen im Garten.

Mein Wildapfelbaum, der jedes Jahr hunderte Kilo nicht essbare Äpfel hervorbringt, wird stattdessen zu wichtigem Winterfutter für Schwarz- und Wacholderdrosseln. Und die Vögel leeren den Kirschbaum, die Eberesche und die Aroniabüsche, wenn man selbst in einem Jahr mal mit der Ernte nicht hinterher kommt. Im Gegenzug sorgen die Vögel für ein Gleichgewicht bei Mücken und Insekten, sodass das Risiko für große Insektenangriffe kleiner wird. Meine Hühner – und natürlich auch die kleinen Vögel – lieben Sonnenblumenkerne, daher versuche ich, so viele Sonnenblumen zu pflanzen, dass es für mich und für sie reicht.

Sonnenblumenkerne können die Hühner im Winter naschen, wenn der Schnee sie zwingt, im Hühnerstall zu bleiben. Und das macht das Hühnerleben phasenweise sehr viel angenehmer.

Essbare Blüten

Etwas, das einen Teller von „ganz schön" in „wow" verwandeln kann, sind essbare Blüten. Ich liebe es, Speisen zu servieren und zu essen, die hübsch anzusehen sind. Wenn man sich viel Mühe mit der Zubereitung gemacht hat, finde ich, sorgt zum Schluss eine sorgfältige Dekoration für den letzten Pfiff. Das ist man den Zutaten irgendwie schuldig. Meist ist hierfür nur sehr wenig nötig, vielleicht ein paar Umdrehungen mit der Pfeffermühle, ein paar gehackte Kräuter oder Chili und vielleicht etwas Olivenöl, mit dem Sie den Teller beträufeln. Oder wie wäre es mit ein paar essbaren Blüten? Die Blüten der Kräuter sind in der Regel auch sehr aromatisch, sodass sie das Gericht nicht nur optisch, sondern auch geschmacklich abrunden. Farbenfroh wird das Essen mit Kornblumen, Kapuzinerkresse, Veilchen oder Ringelblüten. Und andere Blüten von z. B. Holunder, Traubenkirsche, Kamille, Linde oder Rose können bei einem Saft oder Tee schnell die Hauptrolle einnehmen. Einige meiner blühenden Favoriten sind: Kornblume, Zitronenmelisse, Holunder, Schnittlauch, Borretsch, Traubenkirsche, Kamille, Klee, Kapuzinerkresse, Gewürztagetes, Rote Garten-Fetthenne, Lavendel, Linde, Zwiebel, Minze, Oregano, Taubnessel, Bärlauch, Ringelblume, Rose – Kartoffel- oder Vogesenrose –, Schafgarbe, Salbei, Salatchrysantheme, Zucchini, Flieder, Thymian, Tulpe, Gänseblümchen, Veilchen und Mädesüß.

Den Kräutergarten erweitern

Viele der Pflanzen im Kräutergarten sind sehr gut darin, sich zu versamen, und kommen daher nicht nur wieder, sondern sind auch Experten darin, sich auszubreiten. Oregano, Minze, Zitronenmelisse, Ringelblumen und Borretsch sind nur einige der Beispiele für Pflanzen, die sich gut verbreiten. Es ist aber auch in vielen Fällen sehr einfach, Kräuter mithilfe von Stecklingen zu vermehren. Ich habe das bereits mit Rosmarin, Salbei, Minze, Zitronenverbene und natürlich auch Duftgeranien getan. Schneiden Sie einen Spross ab und entfernen Sie einen Großteil Blätter, sodass nur oben am Zweig noch etwas Grün vorhanden ist. Einen Topf mit Erde füllen und den Steckling hineinstecken, dann den Topf in eine Plastiktüte stellen und wässern. Die Plastiktüte hilft dabei, die Feuchtigkeit zu halten, damit der empfindliche Steckling nicht austrocknet, und dient gleichzeitig als eine Art Mini Gewächshaus, das den Steckling antreibt. Sie können die Tüte geschlossen halten. Wenn sie von innen beschlägt, öffnen Sie sie leicht, damit frische Luft hineingelangt.

Meine Pflanzen

THYMIAN ist eine vielseitige mehrjährige Pflanze, die ich das ganze Jahr über ernten kann. Neben dem normalen Thymian habe ich auch eine krause Sorte sowie Zitronenthymian, der – wie man sich angesichts des Namens schon denken kann – eben wie eine Mischung aus Thymian und Zitrone schmeckt. Zitronenthymian passt gut zu kalten Saucen, in Getränke und Gebäck.

SALBEI ist eines meiner Lieblingskräuter. Er steht als mehrjährige Pflanze in meinem Kräutergarten und kann das ganze Jahr über geerntet werden. Sein kräftiges, würziges Aroma und seine elegante Note haben in etwa den gleichen Effekt wie der Lorbeer. Ich verwende ihn viel beim Kochen, z. B. in der Kürbissuppe auf Seite 37.

OREGANO schmeckt frisch bzw. getrocknet völlig unterschiedlich. Er ist leicht anzubauen und breitet sich gerne aus. Ich habe Tausende von Oregano-Pflanzen im ganzen Garten, und auf dem Grundstück meiner Eltern gibt es eine ganze Oregano-Wiese – gut für Hummeln und Bienen!

MINZE: Rundblättrige Minze, Pfefferminze, Schokoladenminze, Erdbeerminze, Apfelminze, Grüne Minze und Krause Minze sind verschiedene Minzesorten in meinem Kräutergarten, und alle haben ganz unterschiedliche Charaktere. Ihnen gemeinsam ist, dass sie sich leicht ausbreiten und versamen. Die Minze lässt sich leicht anbauen und in Speisen, Desserts und Tees verarbeiten.

ZITRONENMELISSE ist ein besonders gutes Teekraut. Im Sommer lege ich ein paar Zweige in eine Kanne, fülle mit Wasser auf und lasse den Tee fünf Minuten ziehen. Schmeckt herrlich und beruhigt den Magen!

ZITRONENVERBENE wird in feinen Restaurants häufig verarbeitet, ist aber im Kräutergarten von Otto Normalverbraucher eher ungewöhnlich. Sie schmeckt wunderbar nach Zitrone und eignet sich für Teemischungen, Smoothies, herzhafte Speisen und Desserts.

Mit der **ARZNEI-ENGELWURZ** bin ich auf Island zum ersten Mal in Berührung gekommen, wo er auf der ganzen Insel wild wächst. Jetzt habe ich in der Gärtnerei eine Pflanze gekauft und hoffe, dass sie sich im Garten ausbreitet. Die Stängel kann man einlegen und wie Süßigkeiten essen, während sich die Blätter als Gewürz verwenden lassen. Optisch ähnelt er dem Giersch.

ROSMARIN ist aromatisch und schmeckt wie kein anderes Kraut. Außerdem ist er sehr vielseitig und lässt sich sowohl beim Kochen als auch in Kuchen und Broten verarbeiten.

LIEBSTÖCKEL ist ein altes Kraut, das ein wenig in Vergessenheit geraten ist. Wegen seines charakteristischen Geschmacks nach Gemüsebrühe lässt es sich gut in gekörnter Brühe verarbeiten (siehe Rezept auf Seite 117.)

HOPFEN pflanze ich überall dort, wo ich im Garten noch etwas Platz habe, weil ich diese hübsche, schnell wachsende Pflanze liebe. Die Zapfen lassen sich im Tee oder zur Aromatisierung von Bier und anderen Getränken verwenden.

LAVENDEL ist ein vielseitiges Kraut, das Schädlinge aus dem Kleiderschrank fernhält, aber bei den Hummeln im Garten der Star ist. Er duftet herrlich und ist bei Keksen eines meiner Lieblingsgewürze. Im abendlichen Tee wirkt er beruhigend.

SCHNITTLAUCH gehört zum Sommer einfach dazu und ist für mich selbstverständlich. Er kommt Jahr für Jahr wieder.

Die **FRÜHLINGSZWIEBEL** erinnert an normales Zwiebelgrün, ist aber mehrjährig und steht in meinem Kräutergarten, seit ich diesen angelegt habe. Ich verarbeite sie jedoch selten, weil ich im Sommer ausreichend Zwiebelgrün zur Verfügung habe. Sie hat ein leckeres, mildes Zwiebelaroma, das gut zu Salaten passt.

ESTRAGON wächst kräftig und lässt sich hervorragend trocknen. Er eignet sich zum Würzen von Saucen, Salaten und sahnigen Eintöpfen.

KORIANDER: Die Pflanze, die polarisiert wie keine andere. Entweder liebt man sie oder man hasst sie. Seit dem letzten Sommer habe ich einen regelrechten Heißhunger auf dieses Kraut, und inzwischen finde ich, dass fast alles mit etwas Koriander gleich viel leckerer wird. Wenn man ihn selbst anbaut, kann man sowohl die Blätter als auch die Samen verwenden, die er schnell ansetzt. Sie können die Samen entweder trocknen und im Mörser zu einem Gewürz zerkleinern oder frisch und grün essen. Dann schmecken sie ein wenig wie eine Mischung aus den Blättern und den getrockneten Samen.

KAPUZINERKRESSE oder genauer die Große Kapuzinerkresse ist eine hübsche Schlingpflanze mit Blättern und Blüten, die einen herrlich würzigen Geschmack haben. Sie schmeckt gut im Salat und eignet sich hervorragend zum Dekorieren.

BASILIKUM habe ich nie selbst ausgesät, sondern immer nur im Topf gekauft, der jeweils eine Saison bei mir stand. Basilikum ist sehr kälteempfindlich. Es schmeckt besonders gut zu Tomatengerichten. Man sollte es gehackt zum fertigen Gericht hinzufügen, denn sein beliebtes Aroma entfaltet Basilikum am besten, wenn es nicht erhitzt wird.

WILDES BASILIKUM ziehe ich selbst im Topf. Es handelt sich um ein mehrjähriges Basilikum, das nicht ganz so aromatisch ist wie das gewöhnliche Basilikum.

Die Blätter der **ROTEN GARTEN-FETTHENNE** dürfen manchmal eine Schüssel Brei oder eine Smoothie-Bowl in meiner Küche garnieren. Sie sind sehr knackig und erinnern ein wenig an Äpfel oder Gurken. Früher versuchte man, aus den Blättern Vorhersagen über die Liebe herauszulesen. Man hängte zwei Zweige an der Decke auf. Wuchsen sie zueinander, deutete man dies als Zeichen für eheliches Glück.

Die **RINGELBLUME** steht wie ein frisches, strahlendes Empfangskomitee mitten in meinem Nutzgarten und versamt sich dort selbst von Jahr zu Jahr. Mit ihr kann man alle denkbaren Speisen hübsch garnieren, und in Hautpflegeprodukten wirkt sie heilend.

GEWÜRZTAGETES ist eine dekorative, leckere Pflanze, mit der man z. B. Getränke aromatisieren kann. Ich habe die Sorten *Red Gem*, *Signet Lemon* sowie *Mexikanische Tagetes* angepflanzt. Die beiden Erstgenannten sind eher kleinwüchsig, während die mexikanische Variante bis zu 2 m hoch werden kann!

SALATCHRYSANTHEMEN lassen sich leicht anpflanzen, sie haben hochaufgeschossene Blüten, mit deren Blütenblättern man Speisen hübsch dekorieren kann. Die Blätter lassen sich u. a. in Wokgerichten verarbeiten.

KÜMMEL ist ein leckeres Brot- und Speisegewürz, das ich immer häufiger verwende. Ich verarbeite es gerne in Gewürzmischungen, Suppen, Knäckebrot und Frühstücksbrötchen.

KREUZKÜMMEL ist ein wunderbar kräftiges Gewürz, das meiner Meinung nach in der vegetarischen Küche sehr wichtig ist. Leider ist es mir nicht richtig gelungen, ihn aus den Samen zu ziehen, ich konnte bisher keinen Kreuzkümmel ernten.

PETERSILIE – sowohl krause als auch glatte – ist ein leicht anzubauendes und dankbares Gewürz, dem auch eine Schneedecke hin und wieder nichts ausmacht.

Vom **LORBEER** sollte man immer einen kleinen Topf auf der Fensterbank stehen haben. Er ist sehr geduldig und gibt eine gute Ernte. Die Blätter können frisch verarbeitet werden, lassen sich aber auch gut abschneiden und trocknen.

BORRETSCH oder Gurkenkraut ist ein Kraut mit besonders hübschen, essbaren Blüten, die wie die Blätter leicht nach Gurke schmecken. Es versamt sich von Jahr zu Jahr, daher musste ich in den letzten 5 Jahren kein Samentütchen mehr kaufen.

DILL lässt sich sehr vielfältig verwenden. Neben den leckeren Blättern erhält man später auch Dolden, die Sie z. B. zum Einlegen von Gurken benötigen (siehe Rezept auf Seite 43).

Der **FRAUENMANTEL** breitet sich mit einer Kraft aus, die man selten bei anderen Pflanzen sieht, und eignet sich daher besonders gut, wenn man schnell neue Beete anlegen will. Die Blätter lassen sich zu Tee verarbeiten und, wenn sie noch zart und jung sind, auch in Salaten verwenden. Mein Huhn Heribert mochte zu Lebzeiten besonders gern die süßen Blüten.

DUFTGERANIE: Meine gute alte „Doktor-Westerlund-Gesundheitsblume" wurde früher als Blume im Schlafzimmer verordnet, da sie einen fantastischen Rosenduft verbreitet, wenn man die Blätter reibt. Sie kann auch als Gewürzpflanze in Kuchen oder Smoothies verwendet werden.

Teemischungen

Tee kann aus unzähligen Kräutern und Wildpflanzen zubereitet werden. Einige andere Pflanzen, die in den Rezepten nicht genannt werden, die Sie aber nach Belieben ebenfalls verwenden können, sind z. B. Schmalblättrige Weidenröschen, Minze, die Blätter der schwarzen Johannisbeere, Löwenzahn, Schafgarbe, Lindenblüten und Heidekraut.

Da viele Kräuter medizinische Eigenschaften haben, wirken einige dieser Pflanzenauszüge auch ganz unterschiedlich auf Ihren Körper. Kamillen und Lavendel wirken beruhigend, während die Blätter von Himbeeren und Frauenmantel traditionell für einen ausgewogenen Hormonhaushalt, Kümmel gegen Gasbildung und Preiselbeerblätter bei Harnwegsinfektionen verwendet wurden. So interessant und spannend es auch sein mag, sich der Heilkräfte der Pflanzen zu bedienen, sollte ich natürlich auch betonen, dass es klüger ist, bei wiederkehrenden oder ernsten Beschwerden einen Arzt aufzusuchen. Fragen Sie immer Ihren Arzt, welche medizinische Pflanzen für Sie nicht geeignet sind, wenn Sie Medikamente nehmen, schwanger sind oder stillen.

Die Teeblätter mit kochendem Wasser übergießen und 10 Minuten ziehen lassen, dann abseihen und trinken.

Holunder & Zitronenverbene

½ Handvoll getrocknete Holunderblüten

½ Handvoll getrocknete Zitronenverbene oder Zitronenmelisse

Etwa 1 EL auf 200 ml Wasser verwenden.

Abendtee

1 ½ Handvoll getrocknete Kamillenblüten

½ Handvoll getrocknete Hopfenzapfen

3 EL getrocknete Lavendelblüten

Kamille und Hopfen zerbröseln und mit dem Lavendel mischen. Etwa ½ EL auf 200 ml Wasser verwenden.

Nesseln & Hagebutten

4 Handvoll getrocknete Nesselblätter

2 Handvoll getrocknete Hagebutten

Die getrockneten Hagebutten und Nesselblätter im Mörser so zerkleinern, dass die Blätter zerkrümeln und die Hagebutten aufplatzen. Etwa 1 EL auf 200 ml Wasser verwenden.

Tee gegen Halsschmerzen

200 ml Wasser

1 TL getrockneter Thymian

1 TL Honig

Gewürzmischungen und Aromatisierungen

Haben Sie das Gefühl, immer wieder das Gleiche zu kochen? Eine der besten Arten, ein Alltagsessen aufzupeppen, ist, auf Aromatisierungen und Gewürzmischungen aus anderen Küchen dieser Welt zurückzugreifen. Streuen Sie etwas Zatar über Ofenmöhren und Brot, garnieren Sie einen Salat mit ein paar Esslöffeln Dukkah und würzen Sie Linsenhack oder Pulled Jackfruit mit Shawarma, und Sie werden Ihre gewohnte Küche ganz neu erleben und zu Hause in Ihrer Küche an einem ganz gewöhnlichen Werktag auf eine kulinarische Entdeckungsreise gehen.

Shawarma

1 EL Kümmelsamen
1 EL Koriandersamen
1 TL gemahlene Kurkuma
1 TL gemahlener Piment
1 TL getrockneter Chili
1 TL gemahlener Zimt
8 Gewürznelken
½ TL gemahlener schwarzer Pfeffer

Alle Zutaten in einem Mörser zerstoßen, bis sie gleichmäßig zerkleinert und gründlich gemischt sind. In einem Glasgefäß trocken aufbewahren.

Dukkah

50 g Haselnüsse
50 g ungeschälte Sesamsamen
1 EL Koriandersamen
1 EL Kümmelsamen

In einer trockenen Pfanne bei sehr niedriger Hitze die Haselnüsse rösten, sie sollen nicht nur außen, sondern auch im Kern geröstet sein. Eine Nuss aufschneiden und prüfen: Wenn sie auch innen etwas Farbe bekommen hat, sind die Nüsse fertig. Danach Sesamsamen, Koriandersamen und Kümmel rösten, bis sie zu springen und zu duften beginnen. Alle Zutaten in einem Mörser zu einer groben Gewürzmischung zerstoßen.

Zatar

2 EL ungeschälte Sesamsamen
2 EL getrockneter Thymian
2 EL getrockneter Oregano
1 EL gemahlener Sumach
½ TL Salz

In einer trockenen Pfanne den Sesam rösten, bis er zu springen und zu duften beginnt. Alle Zutaten in einem Gefäß mischen und trocken aufbewahren.

MARMORIERTER KRÄUTERZOPF – MITTSOMMER-KRÄUTERSALAT

Marmorierter Kräuterzopf S. 110

1 Zopf

10 g frische Hefe
350 ml kaltes Wasser
500 g Weizenmehl
¾ EL Salz

Pesto:
ca. 7 Handvoll leicht zusammengedrückte Kräuter
40 g Sonnenblumenkerne oder Nüsse nach Wahl
50 ml Olivenöl
1 Knoblauchzehe
Salz und schwarzer Pfeffer

Mit einem Zimtschnecken-Teig kann man so viel hübsches Gebäck kreieren – Schnecken, Kringel, Zöpfe, Butterkuchen. Mit dieser Zimtschnecken-Kunst im Hinterkopf fing ich an, Kräuter- und Knoblauchbrot genauso zu backen, was in hübschen Broten mit viel Geschmack endete. Sie schmücken jedes Suppen- oder Salatgericht, und auf einem Buffet sind sie schlicht die Krönung.

Hefe im Wasser auflösen und rasch mit Mehl und Salz zu einem Teig verrühren. Die Schüssel mit Klarsichtfolie abdecken und den Teig bei Zimmertemperatur mindestens 12 Stunden gehen lassen.
Zutaten für das Pesto im Mixer zerkleinern.
Teig auf eine bemehlte Arbeitsfläche stürzen. Durchkneten und dann zu einem Rechteck von ca. 40 × 50 cm ausrollen. Füllung darauf verteilen und anschließend den Teig von der Längsseite her aufrollen. Die Rolle längs aufschneiden, dabei an einem Ende nicht ganz auftrennen. Die Schnittflächen nach oben drehen und die Teillängen miteinander verdrehen. Den Zopf auf ein mit Backpapier ausgelegtes Backblech legen und weitere 30 Minuten gehen lassen. Den Ofen währenddessen auf 250 °C vorheizen.
Das Blech in den Ofen stellen, die Temperatur auf 220 °C reduzieren. Nach 15 Minuten auf 200 °C reduzieren und den Zopf weitere 15 Minuten backen. Auskühlen lassen.

Mittsommer-Kräutersalat S. 111

4 Portionen

20 neue Kartoffeln normaler Größe
180 g Ackerbohnen oder grüne Sojabohnen
20 Zuckerschoten
ein 15 cm langes Stück Gurke
2 Frühlingszwiebeln oder 1 Handvoll Schnittlauch
Salatblätter, z.B. Rucola oder Romanasalat

Dressing:
1 kleines Bund Petersilie
1 kleines Bund Koriander
1 kleines Bund Minze oder Dill
3 EL Olivenöl
½ Chili, gelb oder grün
Saft von ½ Zitrone
Salz und schwarzer Pfeffer

Wenn die neuen Kartoffeln aus der Erde geholt werden und der Kräutergarten grün wie nie dasteht, könnte ich mich ausschließlich von diesem Salat ernähren. Er passt hervorragend zu Gegrilltem, zu Gemüsefrikadellen oder Falafeln, am besten mit ein wenig Zaziki dazu.

Die Kartoffeln schrubben und weich kochen. Während der letzten 5 Minuten der Kochzeit die Bohnen hinzufügen. Dann das Wasser abgießen und das Gemüse etwas abkühlen lassen.
Die Zutaten für das Dressing im Mixer zerkleinern.
Die Zuckerschoten der Länge nach durchschneiden. Die Gurke in schräge Scheiben schneiden und diese dann halbieren. Die Frühlingszwiebeln in Scheiben schneiden. Alles in einer Schüssel mit den Salatblättern und dem Dressing vermengen.

Spa zu Hause S. 114–115

Der Kräutergarten ist sehr großzügig – er liefert nicht nur Zutaten zum Essen, sondern auch welche, die sich zu großartigen Pflegeprodukten für Spa-Anwendungen zu Hause verarbeiten lassen. Das Massageöl mit Fichtenspitzen bezeichne ich gerne als das weltbeste Massageöl, denn das ist es. Es duftet herrlich, wärmt und revitalisiert müde Muskeln, ist dabei aber gleichzeitig sehr mild. Meine empfindliche Haut rötet sich bei den meisten Produkten, dieses hier verträgt sie jedoch gut.

Auch Zuckerpeelings aller Art finden sich immer in meinem Badezimmer. Diese Wunderkur verspricht eine babyzarte Haut in nur wenigen Minuten. Ein Spa zu Hause, das Gefühl, neu geboren zu sein – was will man mehr?

Massageöl mit Fichtenspitzen

5 Handvoll Fichtenspitzen
ca. 150 ml kalt gepresstes Olivenöl

Die Fichtenspitzen in ein Gefäß füllen und so gut wie möglich zusammendrücken. Mit dem Öl begießen – achten Sie darauf, dass alle Sprossen bedeckt sind – und 1–2 Wochen ziehen lassen. Dann abseihen.

Ringelblumensalbe oder -lippenpflege

15 Ringelblumen
100 ml kalt gepresstes Olivenöl
2–3 EL Bienenwachs

Die Blütenblätter der Ringelblumen ablösen und ein paar Tage trocknen lassen, dafür z. B. auf einem Blatt Papier ausbreiten. Dann in eine Schüssel füllen und mit dem Öl übergießen. 1–2 Wochen ziehen lassen, danach die Blütenblätter abseihen.
Öl und Bienenwachs (für die Lippenpflege brauchen Sie die größere Menge) in eine Schüssel geben und über einem Wasserbad schmelzen, bis das Bienenwachs sich aufgelöst hat. In ein Gefäß umfüllen und abkühlen lassen.

Bade- & Fußbadesalz

500 g Epsomsalz
½ Handvoll getrocknete Rosenblätter (Blütenblätter)
2 EL getrocknete Lavendelblüten

In einer Schüssel Salz und Blüten vermengen. Für ein Fußbad etwa 3 Esslöffel verwenden, für ein Bad etwa 10 EL.

Gesichtspeeling & Bodyscrubb

1 EL Zucker
½ EL Honig
½ TL Blaubeerpulver

Die Zutaten verrühren. Mit kreisenden Bewegungen in die Haut einmassieren, dann abspülen. Übrig gebliebenes Peeling können Sie aufheben; bei Zimmertemperatur hält es sich mehrere Wochen. Wenn der Zucker währenddessen geschmolzen ist, einfach noch etwas frischen Zucker hinzufügen.

Gekörnte Gemüsebrühe S. 116

1 kleine Knolle Knollensellerie oder ca. ⅓ große Knolle oder 5 Stangen Bleichsellerie

2 gelbe Zwiebeln mit Grün

5 Blätter Grün- oder Schwarzkohl oder Kohlrabigrün

1 Bund Rote-Bete-Grün oder z. B. Mangold

4 Pastinaken

2 große Zweige Liebstöckel

½ Handvoll Thymian

½ Handvoll Salbei

5 Knoblauchzehen

Bei dieser gekörnten Gemüsebrühe fällt es mir leicht, selbstgefällig zu werden, denn sie ist wirklich brillant, einfach und vielseitig einsetzbar. Brühe in Pulverform hat, wenn wir ehrlich sind, einen schlechten Ruf, weil es ein industriell verarbeitetes Produkt ist und noch dazu sehr salzig und fett. Alternativ wird man aufgefordert, sich hinzustellen und eine eigene Brühe zuzubereiten, die dann aus so viel Gemüse besteht, dass man eine wunderbare Gemüsesuppe gehabt hätte. Stattdessen wird das Gemüse ausgekocht und weggeworfen, und was bleibt, ist eine Brühe, die bis zur weiteren Verwendung eingefroren wird. Dieses Rezept ist in jeder Hinsicht das Gegenteil davon. Nehmen Sie aussortiertes Gemüse, Gemüsegrün oder Blattgrün und Zweige unserer guten alten Kulturpflanze Liebstöckel, die so herrlich nach Brühe schmeckt. Nichts wird weggeworfen, und die gekörnte Brühe nimmt in der Küche nicht mehr Platz ein als die Pfeffermühle. Sie muss nicht aufgetaut werden, im Gegensatz zur selbst gemachten, eingefrorenen Brühe, verfeinert aber jeden Herbst- und Wintereintopf, den Sie zubereiten.

Sellerie und Zwiebeln schälen, das Gemüse in kleinere Stücke schneiden. Die Zutaten in einer Küchenmaschine zerkleinern, bis alles in etwa die gleiche Größe hat. Auf Backpapier ausbreiten und im Ofen bei 50–70 °C oder im Dörrautomaten auf zugeschnittenen Backpapierstücken trocknen.

Das Trocknen dauert lange, im Ofen gut einen Tag, im Dörrautomaten eher zwei.

Das getrocknete Gemüse im Mörser zu einem feinen Pulver vermahlen und dann in einem Glas trocken aufbewahren.

Kapitel 5

Der wilde Garten

WILDPFLANZEN ZU PFLÜCKEN, hat vielleicht nichts mit Gärtnern zu tun, aber für mich ist die Natur ganz einfach ein bisschen so etwas wie unser wilder mehrjähriger Garten, der sich um sich selbst kümmert. Ich besuche ihn, wenn ich eine Zutat aus meiner wilden Speisekammer holen muss. Hier muss man die Pflanzen nicht andauernd wässern oder vorziehen und verhätscheln. Die Natur ist so reich an essbaren Pflanzen, Früchten, Beeren und Kräutern, und da hier die Natur gleich um die Ecke liegt, muss ich keine Energie darauf verschwenden, all das in meinem eigenen Garten zu ziehen. Denn eigentlich geht es ja darum, die vorhandenen Ressourcen zu nutzen und eine Verbindung zu den Zutaten zu schaffen. Dies gilt unabhängig davon, ob man Beeren und Pilze im Wald sammelt, einen ganzen Acker umgräbt, auf dem Balkon ein paar Töpfe stehen hat oder sich des Fallobstes der Verwandten annimmt.

In meinem Fall beginnt der wilde Garten bereits auf der Pferdekoppel, gut 20 Meter von meinem Haus entfernt. Dort gibt es Holunder, Hagebutten, Schafgarbe, Echtes Mädesüß, Kamille, Nelkenwurz, Brombeeren, Kratzbeeren, Wiesenchampignons, Meerrettich, Nesseln, Breitwegerich, Wiesensauerampfer, Klee, Löwenzahn, Giersch … Ja, Sie sehen schon, was für eine wohlgefüllte Speisekammer ein kleines Stück Land zu bieten hat – und da habe ich mich tatsächlich noch nicht einmal von zu Hause wegbewegt! Gehe ich dann in den Wald, ans Meer oder zum wacholderbewachsenen Hügel, finde ich dort noch viel mehr essbare Schätze. Man spart sich viel Arbeit des Gärtnerns, und es gibt Jahr für Jahr eine Ernte, ganz von allein. Noch dazu lassen sich einige der wild wachsende Zutaten nur schwer zu Hause ziehen. Wenn man nicht gerade ein Naturgrundstück hat, gelingt es einem kaum, Blaubeeren zu ziehen, die wie die aus dem Wald schmecken. Auch Pilze lassen sich kaum in der Wiese züchten, und auch wenn es einige Sorten gibt, die man zu Hause in der Küche wachsen lassen kann, ist es wahrscheinlich trotzdem am einfachsten, Pfifferlinge im Wald zu sammeln. Am Ende hat man seine Lieblingsstellen in der Natur, wo man weiß, dass sie dort gut wachsen, und es ist ein bisschen so, als würde man seine eigenen Pflanzen ernten.

Auch in den bisherigen Kapiteln habe ich mehrere wilde Zutaten in den Rezepten verarbeitet, zusammen mit Kulturpflanzen. Viele unserer wilden Früchte und Beeren gibt es auch in veredelter Form im Obstgarten, daher können einige der Rezepte auch mit ihren wilden Entsprechungen zubereitet werden. Im Kapitel zum wilden Garten habe ich mich stattdessen besonders auf Pilz-Rezepte konzentriert.

Pilze trocknen und ankochen

Wer richtig Pilzglück hat und mehr Pilze findet, als er essen kann, kann diese auch trocknen oder einfrieren. Pilze zu trocknen ist einfach, ich trockne hauptsächlich Röhrenpilze, die man dann zu einem Pilzpulver vermahlen kann. Das funktioniert wie eine Art gekörnte Pilzbrühe und passt gut zu z. B. Gemüsefrikadellen oder Linsenhack. Man kann die getrockneten Pilze auch wieder einweichen und danach wie frische Pilze braten.

Für das Trocknen die Pilze wie gewohnt putzen und danach in Scheiben schneiden. Sie sollten nur die frischen, ganzen Stücke verwenden. Alles, was von Maden befallen war, muss weggeschnitten werden. Dann die Pilzstücke entweder in einem Dörrautomaten oder flach ausgebreitet auf Papier an einem warmen Ort ein paar Tage trocknen. Die fertig getrockneten Pilze werden dann in einem Glas an einem trockenen Ort aufbewahrt.

Pilze, die stattdessen eingefroren werden sollen, sollte man am besten vorher kurz ankochen. Hierfür die Pilze in eine heiße Pfanne legen. Wenn sie beginnen, Flüssigkeit zu verlieren, nehmen Sie die Pfanne vom Herd. Dann die Pilze im eigenen Sud einfrieren.

Wilde Zutaten

Frühling

Die NESSEL ist die Königin des einheimischen Superfoods! Leider haben Nesseln den Ruf, nur im Frühjahr verarbeitet werden zu können, doch tatsächlich ist die Saison viel länger. Neue, junge Triebe kommen den ganzen Sommer über, vor allem, wenn man versucht, dies zu verhindern, indem man die Nesseln herunterschneidet. Ich ernte sie vom frühen Frühling, wenn der Frost vorbei ist, bis weit in den Herbst hinein. Nesseln verarbeite ich in Smoothies, Tees und Gewürzmischungen, um damit z. B. Popcorn zu würzen, außerdem in bestimmten Gerichten anstelle von Spinat. In Müslis und beim Kochen können Nesseln frisch verwendet werden, ansonsten trockne ich sie kopfüber aufgehängt, schneide die Blätter ab, wenn sie getrocknet sind, und verarbeite sie mit dem Stabmixer zu einem Pulver.

BUCHENBLÄTTER: Die gerade ausgeschlagenen Blätter der Buche schmecken herrlich säuerlich, sie können als Tee aufgebrüht oder als grüne Blätter in einem Salat verarbeitet werden. Als Kind hatte ich große Freude daran, im Herbst Bucheckern, die Früchte der Buche, zu naschen.

GIERSCH ist ein äußerst vielseitiger Überlebenskünstler. Sie finden weitere Informationen dazu im Kapitel zum Nutzgarten auf Seite 24.

KIEFERN-/FICHTENSPITZEN sind reich an Vitamin C und haben einen leckeren, säuerlichen Geschmack. Man kann die Spitzen z. B. zur Aromatisierung von Sirup verwenden, und in feinen Restaurants werden sie häufig eingelegt serviert. Auf Seite 113 finden Sie ein Rezept dafür, wie Sie aus Fichtenspitzen ein fantastisches Massageöl herstellen. Sie lassen sich auch gut zu Tees verarbeiten. Sie sollten aber immer den Grundstücksbesitzer um Erlaubnis fragen, bevor Sie Fichtenspitzen abschneiden.

Die **ULMEN** bereiteten mir in meiner Kindheit große Sorgen, als das Ulmensterben zuschlug. Wir hatten zwei riesige Bäume, die zwischen 120 und 150 Jahre alt wurden, bevor sie von der Krankheit befallen wurden und abstarben. Heute geht man davon aus, dass es weiterhin junge Exemplare der Ulmen geben wird, die aber nicht sehr alt werden, sondern früh erkranken und sterben. Aber man wird weiterhin die Früchte der Ulme ernten können, die an kleine Blätter erinnern und sich gut frisch unter einen Salat mischen lassen.

BIRKEN: Aus den ganz jungen Blättern der Birke kann man Tee zubereiten, und der Saft kann bei Mischgetränken, Eistee oder Limonaden das Wasser ersetzen.

Die Blätter des **WEIDENRÖSCHENS** können beim Kochen verwendet oder zu einem sehr aromatischen Tee getrocknet werden.

Die kleinen gelben Blütenblätter des **LÖWENZAHNS** eignen sich, um Marmeladen zu kochen oder Sirup zu aromatisieren. Ich streue sie manchmal ganz einfach über das Essen. Die Wurzeln lassen sich trocknen und in Teemischungen verarbeiten. Zu Kriegszeiten wurden sie als Füllmaterial beim Kaffeekochen verwendet. Die Blätter sind bitter, schmecken aber – in Maßen – gut in Salaten, Gratins, Suppen, Eintöpfen, Pestos oder Smoothies.

WALDSAUERKLEE: Allen Wildkräutern, die auf den Namen Sauerklee hören, ist gemein, dass man sie mit Vorsicht genießen sollte. Ein paar Blätter sind schön z. B. zur Dekoration von Speisen, und genau dafür werden sie von feinen Restaurants häufig verwendet.

GÄNSEBLÜMCHEN haben unheimlich hübsche Blütenblätter in Weiß und Rosa, die ich gerne über diverse Frühstücks-Bowls streue. Man kann sie auch statt Kokos verwenden, um Schokokugeln darin zu wälzen.

DUFTVEILCHEN sind hübsch und eignen sich gut, um damit Speisen und Gebäck zu verzieren. Ich habe auch schon einmal Getränke aromatisiert, indem ich die Veilchen in der Flüssigkeit habe ziehen lassen, oder einen Veilchensirup zubereitet, indem ich Veilchen und Zucker ein paar Wochen lang in einem Glas aufbewahrt und dann das Ganze mit etwas Wasser zu einem wohlschmeckenden Sirup verkocht habe.

MELDEN sind gute Blattpflanzen, die in einen Salat passen. Dieses Unkraut verbreitet sich wahnsinnig schnell, und verrückterweise habe ich tatsächlich gerade eine Melde bewusst in den Nutzgarten gepflanzt, und zwar die Rote Gartenmelde. Ich musste sie nur einmal säen, jetzt verdoppelt sie sich von Jahr zu Jahr.

Die **TRAUBENKIRSCHE** hat einen interessanten, mandelähnlichen Geschmack und lässt sich verwenden, um Getränke daraus herzustellen, etwa genauso wie aus Holunderblüten. Als Getränk mag ich sie nicht allzu gerne, aber ich nehme gerne einen konzentrierten Saft, um damit z. B. Kuchen oder Eis abzuschmecken.

FLIEDER: Genauso wie aus Traubenkirschen, Holunder oder Rosen kann man auch aus Flieder ein Getränk herstellen, wenn man möchte. Ich garniere lieber frühsommerliche Torten, Eis und anderes mit den Blüten.

SPANISCHER KERBEL lässt sich z. B. in gekörnter Gemüsebrühe oder Kräutersalz verarbeiten.

Sommer

BLAUBEEREN sind sehr leckere, vielseitige Beeren. Leider dauert es doch recht lang, bis man größere Mengen davon gesammelt hat.

BROMBEEREN wachsen hier in Skåne im Überfluss! Ich fülle den Gefrierschrank jedes Jahr mit Brombeeren, und sie bleiben auch tiefgekühlt prima in Form.

WALDHIMBEEREN sind kleiner als Kulturhimbeeren, aber insgesamt etwas aromatischer. Aus dem Blättern kann man gut Tee zubereiten.

KRATZBEEREN habe ich beim ersten Mal in der Annahme gepflückt, dass es sich um etwas merkwürdige, aber hübsche, gefrostete kleine Brombeeren handelte. Denn der Geschmack erinnert eher an Brombeeren als an Himbeeren. Ich streue mir ein paar Beeren auf die Frühstücks-Bowl, dekoriere Gebäck damit oder verarbeite sie in Smoothies.

WALDERDBEEREN sind leckere, vielseitige Beeren. Meist gibt es keine größere Ernte. Sie sind doch eher etwas, das man beim Waldspaziergang im Vorbeigehen nascht.

KIRSCHEN: Außerhalb der Stadt, in der ich wohne, steht ein so großer Kirschbaum, dass ich jedes Mal, wenn ich daran vorbeigehe, denke, dieser Baum könnte die ganze Stadt mit Kirschen versorgen. Vögel schätzen Kirschen ganz besonders und verbreiten die Kerne überall. Daher gibt es häufig auch wilde Kirschbäume.

KORNBLUMEN gehören zu meinen Lieblingen unter den essbaren Blüten, mit ihnen lässt sich so wunderbar hübsch dekorieren. Die knallblaue Farbe belebt einfach jedes Gericht. Kornblumen können auch in Tees verarbeitet werden. Und bei festlichen Anlässen dekoriere ich gerne mit einem hübschen „Streusel" in den Farben der schwedischen Flagge aus getrockneten Korn- und Ringelblumen.

KAMILLE wächst bei mir überall auf der Pferdekoppel, sie eignet sich hervorragend für Tees. Die Blüten haben eine beruhigende Wirkung, daher eignet sich der Tee besonders als Getränk am Abend.

SCHAFGARBE ist ebenfalls eine hervorragende Teepflanze, Sie können damit aber auch z. B. Eintöpfe würzen.

BREITWEGERICH oder Indianerpflaster, wie man die Pflanze auch nennt, wurde vor allem wegen seiner heilenden Eigenschaften verwendet. Die Blätter sind auch essbar, und ich habe Rezepte gesehen, bei denen man große Blätter für Kohlrouladen verwendet hat.

HOLUNDERBLÜTEN werden normalerweise für die Aromatisierung von Getränken verwendet, aber man kann mit den kleinen Blüten auch Speisen und Gebäck dekorieren oder sie in Pfannkuchen einbacken. Außerdem lassen sich die Blüten im Tee verwenden.

Die Blüten des **ROTKLEES** eignen sich für Tees und andere Getränke.

ECHTES MÄDESÜSS kann wie Holunderblüten für ein wohlschmeckendes Getränk verwendet werden. Ein Tee aus getrockneten Blättern und Blüten kann z. B. bei Kopfschmerzen leicht schmerzstillend wirken. Sie sollten ihn aber in Maßen trinken und mit Ihrem Arzt sprechen, wenn Sie Medikamente nehmen, da diese möglicherweise ihre Wirkung verlieren könnten.

WIESENCHAMPIGNONS kommen im Sommer auf der Pferdekoppel aus der Erde, und in manchen Jahren konnte ich so viele sammeln, dass ich sie einfrieren und mich eine ganze Zeit lang selbst mit Champignons versorgen konnte.

Es ist für mich ein ganz besonderes Glück, PFIFFERLINGE zu finden, und geschmacklich ist der Pfifferling mein Lieblingspilz. Die Saison beginnt früh, daher begebe ich mich meist schon kurz nach Mittsommer in den Wald.

Die KARTOFFELROSE ist einer der besten Rosen, um sie in der Küche zu verwenden. Ihr kräftiger Duft deutet schon an, dass sie auch einen reichhaltigen Geschmack hat, und sie lässt sich in Tees und Getränken verarbeiten. In meinem kleinen Spa zu Hause verwende ich die getrockneten Blütenblätter für ein Fuß- und Badesalz. Im Herbst bekommt die Kartoffelrose große, fleischige Hagebutten, die Sie ebenfalls zu Tee verarbeiten können.

Herbst

MEERRETTICH wächst als ein kleiner Wald in meinem Garten. Besonders schön finde ich, dass er im Englischen die Bezeichnung Horseradish hat, wenn ich sehe, wie meine Pferde durch dieses Meer von Meerrettichgrün waten – ihr ganz eigener Rettich! Meist grabe ich eine recht große Wurzel aus, schäle sie und friere sie ein. Dann kann man sie tiefgekühlt leicht reiben und braucht sie nicht einmal aufzutauen.

HAGEBUTTEN sind ein Superfood, reich an Vitamin C. Man kann sie im Ganzen im Ofen trocknen, und wenn man dann z. B. eine traditionell schwedische Hagebuttensuppe zubereiten will, kocht man die Früchte in Wasser auf. Wenn sie weich sind, werden sie püriert, abgeseiht und nach Wunsch gesüßt. Sie zu entkernen, ist eine Sisyphos-Aufgabe.

Die PREISELBEERE liefert Früchte, die nicht nur zum Kochen von Kompott besonders gut geeignet sind, sondern auch ganz hervorragend zu Karamell passen, wie ich finde. Die Blätter lassen sich zu einem Tee verarbeiten, der traditionell bei Harnwegsinfektionen getrunken wird.

HOLUNDERBEEREN sollten nicht roh gegessen werden, können aber zu Saft, Sirup oder Konfitüre gekocht werden.

SANDDORN gehört zu meinen absoluten Lieblingspflanzen! Seine säuerlichen Beeren schmecken wie kleine Passionsfrüchte aus dem Norden und sind reich an Vitamin C – eine Superbeere!

VOGELBEEREN gehören nicht gerade zu meinen Lieblingsbeeren, meiner Ansicht nach taugen sie höchstens dazu, zu Gelee verarbeitet zu werden. Ich überlasse sie lieber den Vögeln.

HASEL- UND ANDERE NÜSSE dürfen bei uns nur mit Erlaubnis des Grundstücksbesitzers gepflückt werden.

SCHLEHEN haben scheinbar ungenießbare Beeren, die ungeheuer sauer sind. Sie werden zur Aromatisierung von Schnäpsen und zur Saftherstellung verwendet.

WILDÄPFEL sind eine Art ekliger Apfel, doch man kann aus den Früchten ein gutes Gelee kochen, und einige schmecken zubereitet auch ganz gut.

STEINPILZE gehören zu den wertvollsten Pilzen. Leider werden sie häufig von Insekten angegriffen. Richtig knusprig gebratene Scheiben haben beinahe etwas von Bacon.

Der **BIRKENPILZ** gehört zu meinen Lieblingspilzen, er wächst hier in den Wäldern in meiner Umgebung reichlich und ist bei Insekten nicht annähernd so beliebt wie der Steinpilz.

Der **TINTLING** ist ein unerwartet leckerer Pilz, der ganz jung gegessen werden sollte. Wenn er grau wird und zu schwarzer Tinte zerfließt, hat er sein Haltbarkeitsdatum überschritten.

Der **GEMEINE RIESENSCHIRMLING** wiegt aufgrund seiner Größe schwer im Pilzkorb. Der Fuß kann getrocknet und zu gekörnter Pilzbrühe vermahlen werden, während der Ring am besten roh gegessen wird – eine Delikatesse. Er schmeckt leicht nussig.

Winter

WACHOLDERBEEREN dienen zum Würzen von reichhaltigen Eintöpfen, um sie auf Knäckebrot zu streuen, bevor man es backt, und zum Aromatisieren von Speisen, die einen etwas wilderen, nach Wald schmeckenden Charakter haben sollen. Sie können das ganze Jahr über gepflückt werden.

Aus **FICHTENNADELN** kann man Limonade herstellen. Außerdem kann man Fichtenzweige einweichen und dann beim Grillen auf die Glut legen, um dem Grillgut eine rauchige Note zu verleihen.

Pfifferlingpesto mit selbst gemachter Pasta S. 130–131

3–4 Portionen

125 g Pfifferlinge
Öl zum Braten
75 g Sonnenblumenkerne
3 Handvoll Petersilie, etwa 1 Topf
75 ml Olivenöl + etwas zum Beträufeln
1 Knoblauchzehe
1 Zitrone, 1 TL ausgepresster Zitronensaft für das Pesto + zusätzlicher Saft zum Beträufeln
Salz und schwarzer Pfeffer

Pasta:
500 g Hartweizenmehl + etwas zum Bestreuen
ca. 250 ml Wasser

Pesto aus Pfifferlingen? Ja, tatsächlich, Pesto kann man aus allem Möglichen machen! Ich esse es gerne zu Pasta, dann wird aus dem Pesto eine Pastasoße, die sich hervorragend für ein Picknick oder ein schnelles Mittagessen eignet. Und wer will, kann es auch als eine Art Aufstrich auf Broten oder Crackern verwenden.

Am besten bereiten Sie gleich eine doppelte Portion Pesto zu. Ungekocht – und an der Oberfläche leicht angetrocknet – lässt sich die Pasta hervorragend einfrieren. Sie können Sie dann später direkt aus dem Gefrierschrank nehmen und ins kochende Wasser geben.

Mit der Pasta beginnen: Mehl auf die Arbeitsfläche häufen, in die Mitte eine Kuhle drücken und dort hinein etwas Wasser geben. Langsam das Mehl in das Wasser einarbeiten und nach und nach mehr Wasser hinzufügen.

Der Teig sollte sich zunächst sehr trocken und rissig anfühlen, so als bräuchte er mehr Wasser. Das ist in Ordnung, er soll nämlich sehr kompakt werden und muss daher 5–10 Minuten geknetet werden. Um zu testen, ob er fertig ist, den Teig mit einem Messer einschneiden, die Schnittfläche sollte ganz gleichmäßig und glatt sein, ohne Lufteinschlüsse.

Danach lange, fingerdicke Rollen herstellen und diese in 1 cm breite Stücke schneiden. Jedes Teigstück mit dem Daumen gegen die Rückseite einer Gabel drücken, sodass eine Schneckenform entsteht. Mit etwas Mehl bestreuen und die Oberfläche antrocknen lassen.

Eine Pfanne erhitzen und die Pfifferlinge hineingeben. So lange warten, bis sie ihr Wasser vollständig abgegeben haben. Erst, wenn das Wasser vollständig verkocht ist, 1 EL Öl hinzufügen und die Pilze darin eine Weile braten. Die Pfanne vom Herd nehmen und die Pfifferlinge in eine Schüssel umfüllen. Die übrigen Zutaten hinzufügen und zu einem glatten Pesto mixen. Mit Salz und schwarzem Pfeffer abschmecken.

In einem großen Topf reichlich Wasser aufkochen und ordentlich salzen. Pasta ins Wasser geben und umrühren. Nach nur ein paar Minuten sind die Pastaschnecken fertig. Eine Nudel testen, dann das Wasser abgießen und die Pasta mit Olivenöl beträufeln. Etwas Kochwasser aufheben, falls die Pastasoße zu dickflüssig ist. Pasta mit dem Pesto verrühren und mit etwas Zitronensaft beträufeln.

PFIFFERLINGPESTO MIT SELBST GEMACHTER PASTA

PFIFFERLING-TACOS MIT MEERRETTICH-SLAW UND EINGELEGTEN ROTEN ZWIEBELN

Pfifferling-Tacos mit Meerrettich-Slaw und eingelegten roten Zwiebeln S. 132

4 Portionen

200 g Pfifferlinge
Olivenöl zum Braten
Salz und schwarzer Pfeffer
1 Handvoll gehackte Petersilie
8 Tacos oder andere Fladen

Eingelegte rote Zwiebeln:
2 große rote Zwiebeln
50 ml Essigessenz
100 ml Wasser
90 g Zucker
½ EL Salz

Meerrettich-Slaw:
100 g Cashewkerne (ca. 5 Stunden eingeweicht)
100 ml Wasser
1–2 EL Meerrettich nach Geschmack
½–1 EL ausgepresster Zitronensaft
1 TL Dijonsenf
Salz und schwarzer Pfeffer
ein 10 cm langes Stück Gurke
¼ rote Zwiebel
400 g in Streifen geschnittener Weißkohl

Auf der Pferdekoppel habe ich einen Meerrettichwald, doch leider verarbeite ich Meerrettich beim Kochen nur selten. Hier habe ich zwei wilde Zutaten kombiniert – Pfifferlinge und eben Meerrettich in einem Taco, und dazu eingelegte rote Zwiebeln.

Mit den eingelegten Zwiebeln beginnen: Zwiebeln schälen und in Streifen schneiden. In einem Topf Essig, Wasser, Zucker und Salz mischen, aufkochen lassen und dann die Zwiebeln in den Sud geben. Ein paar Minuten sieden lassen, dann in ein verschließbares Glas füllen. Abkühlen lassen und im Kühlschrank aufbewahren.

Meerrettich-Slaw: Cashewkerne, Wasser, Meerrettich, Zitronensaft, Dijonsenf und Salz und Pfeffer pürieren. Gurke und rote Zwiebel in dünne Scheiben schneiden. Kohl, Gurken- und Zwiebelscheiben in eine Schüssel füllen, mit der pürierten Sauce begießen und gründlich vermengen. Abschmecken und ggf. nachwürzen. Im Kühlschrank aufbewahren.

In einer trockenen Pfanne die Pfifferlinge braten. Olivenöl, Salz und Pfeffer erst hinzufügen, wenn das Wasser vollständig verdunstet ist. Die Pilze braten, bis sie eine schöne Farbe haben, dann die Pfanne vom Herd nehmen. Petersilie mit den Pfifferlingen vermengen.

In einen dünnen Fladen einen Löffel Meerrettich-Slaw geben, darauf die Pfifferlinge und die eingelegten roten Zwiebeln anrichten.

Toast mit Rahmpilzen S. 135

2–3 Toasts

10 Champignons oder andere Pilze
1 Knoblauchzehe
Salz und schwarzer Pfeffer
½ TL Thymian
100 ml Hafersahne
1 TL Dijonsenf
1–2 TL Tamari
geriebene Muskatnuss
Brotscheiben

Die beste Möglichkeit, seinen Pilzfund zu verarbeiten, sind wahrscheinlich Rahmpilze auf einem Stück gutem Brot. Dafür gibt es einen einfachen Grund – es schmeckt einfach unglaublich lecker. Dieses Gericht funktioniert einfach immer und mit nahezu allen Pilzen, die man finden kann. Ich bereite es meist mit Steinpilzen, Birkenpilzen, Pfifferlingen, Wiesenchampignons und dem Gemeinen Riesenschirmling zu.

Pilze in Scheiben schneiden und in etwas Öl in einer Pfanne braten. Knoblauch schälen, ebenfalls in feine Scheiben schneiden und zu den Pilzen geben, wenn diese eine schöne Farbe bekommen haben. Mit Salz, Pfeffer und Thymian würzen. Jetzt Hafersahne, Senf und Tamari hinzufügen, wenn der Knoblauch leicht weich geworden ist. Sahne auf mindestens die Hälfte einkochen lassen. Abschmecken und nach Geschmack mit Muskat würzen, evtl. nachwürzen. Auf Brotscheiben, z. B. einem kräftigen Sauerteigbrot, anrichten.

Tom kha hed S. 136

4 Portionen

2 große gelbe Zwiebeln
½ grüner Chili
3 Stangen Bleichsellerie
Olivenöl zum Braten
200 g kleine Wiesenchampignons/Champignons
Schale von 1 Zitrone
1 Dose Kokosmilch
5 Limettenblätter
400 ml Wasser
400 g Kichererbsen aus der Dose
1 cm frische Kurkuma
Salz und schwarzer Pfeffer
gehackter Koriander

Diese Thaisuppe gehört zu meinen absoluten Lieblingsgerichten und ist etwas, das ich in verschiedenen Varianten koche, seit ich zum ersten Mal in der Küche stand. Damals war die thailändische Küche nicht annähernd so bekannt wie heute, und es schmeckte nicht wie etwas, was ich je zuvor gegessen hatte. Seitdem führe ich eine Liebesbeziehung mit diesem immer wieder gerne genommenen Lieblingsgericht.

Zwiebeln schälen und hacken, Chili hacken und Sellerie in Scheiben schneiden. In etwas Öl zusammen mit den Champignons in einem geräumigen Topf bei mittlerer Hitze anschwitzen. Zitronenschale (nur das Gelbe) mit einem Sparschäler hauchdünn abschneiden. Wenn die Zwiebeln weich sind und beginnen, braun zu werden, Kokosmilch, Limettenblätter, Zitronenschale, Wasser und Kichererbsen hinzufügen. Kurkuma hineinreiben und mit Salz und Pfeffer abschmecken. 10 Minuten köcheln lassen, dann den Eintopf mit gehacktem Koriander bestreuen. Mit Reis servieren.

TOAST MIT RAHMPILZEN

**2
große Gläser**

150 ml + 150 ml Hafermilch
200 ml Wasser
1 ½ Handvoll leicht zusammengedrückte Nesseln
5 Minzeblätter
1 EL Agavensirup
1 Prise Vanillepulver

Nesselccino S. 137

Wie eine Art skandinavischer Macha-Latte besitzt dieser Nesselccino ebenfalls Superfood-Kräfte und schmeckt genauso grün, wie er aussieht.

---

150 ml Hafermilch aufschäumen.
Die übrigen Zutaten bis auf das Vanillepulver in einem Mixer pürieren, bis alles fein verteilt und gründlich gemischt ist. In einen Topf gießen und erwärmen.
Die Nesselmischung in Becher füllen und mit aufgeschäumter Hafermilch aufgießen. Mit Vanillepulver bestreuen.

**Ca.
10 Pfannkuchen**

140 g gesiebtes Dinkelmehl
250 ml Hafermilch
2 EL Ahornsirup
2 EL Rapsöl
1 EL Backpulver
30 g Blaubeeren
Öl zum Braten

Roh gerührte Blaubeerkonfitüre:
60 g Blaubeeren
1 EL Chiasamen
Agavensirup nach Geschmack

Blaubeerpfannkuchen S. 139

Es gibt wenig, was ein Frühstück mit Pfannkuchen am Samstag schlägt. Am liebsten garniere ich die Pfannkuchen mit Blaubeeren und Schokolade-Haselnuss-Butter oder auch zerdrückten frischen Erdbeeren aus dem Nutzgarten. Aber die Beilagen können Sie natürlich ganz nach Geschmack variieren. Für neutrale Pfannkuchen lassen Sie die Blaubeeren aus dem Teig einfach weg.

Mehl, Hafermilch, Ahornsirup, Öl und Backpulver zu einem glatten Teig verquirlen. Die Blaubeeren unterheben.
In einer Pfanne etwas Öl erhitzen. Ca. 100 ml Teig pro Pfannkuchen in die Pfanne gießen und von beiden Seiten backen, bis sie eine schöne Farbe angenommen haben.
Konfitüre: Blaubeeren und Chiasamen verrühren, mit Agavensirup abschmecken und dann die Samen mindestens eine halbe Stunde quellen lassen.

BLAUBEERPFANNKUCHEN

Blaubeer-Cheesecake S. 140

Boden:
180 g Sonnenblumenkerne

2 EL Kokosöl

2 EL Agavensirup

1 Prise Kardamomsamen, zerstoßen

Füllung:
100 g Cashewkerne (mindestens 5 Stunden eingeweicht)

2 EL Kokosöl

100 g weiße Schokolade oder Kakaobutter, gehackt

2 EL Wasser

120 g Blaubeeren

1 EL Agavensirup

1 Prise Vanillepulver

Saft von ½ Zitrone

abgeriebene Schale von ½–1 Zitrone

Ich liebe Rawfood-Torten und Cheesecakes, sie werden so wunderbar saftig, mit reichhaltigem Geschmack, cremig und können mit allen möglichen Aromatisierungen mit verschiedenen Beeren und Früchten oder Gewürzen variiert werden. In dieser Variante kombiniere ich Blaubeeren, Zitrone und Kardamom — a match made in heaven, oder: das Beste, was Mutter Erde zu bieten hat.

Zunächst Cashewkerne für die Füllung mindestens 5 Stunden einweichen.

Boden zubereiten: Sonnenblumenkerne im Mixer zu Mehl verarbeiten. Kokosöl schmelzen und mit Sonnenblumenkernmehl, Agavensirup und zerstoßenem Kardamom verrühren. Den Boden einer Springform mit Klarsichtfolie auslegen und darauf den Teig gleichmäßig in die Form drücken.

Füllung zubereiten: Kokosöl in einem Topf schmelzen, Schokolade hinzufügen und umrühren, bis diese geschmolzen ist. Cashewkerne abgießen. Im Mixer (am besten ein Hochgeschwindigkeitsmixer) mit 2 EL Wasser und den Blaubeeren zu einer glatten Masse pürieren. Geschmolzene Schokolade, Agavensirup, Vanillepulver, Zitronensaft und Zitronenabrieb hinzufügen und alles zu einer glatten, cremigen Mousse pürieren. Die Mousse in die Springform geben, gleichmäßig verteilen und im Kühlschrank ein paar Stunden stehen lassen, bis sie fest geworden und vollständig abgekühlt ist.

**Ca.
5 Liter**

30 Holunderblütendolden
5 l Wasser
350 g Zucker
abgeriebene Schale und Saft von 2 Zitronen
3 EL Apfelessig

Holunderblütensprudel S. 143

In den letzten Jahren habe ich die Holunderblüten nicht mehr zu Saft, sondern zu einem fruchtigen Sprudel verarbeitet. Durch die Zubereitungsart wird er auf natürliche Weise mit Kohlensäure versetzt und kann auch einen Hauch Alkohol bilden. Das Getränk hält sich in Flaschen im Kühlschrank den ganzen Sommer über.

In einem großen Topf oder einer Schüssel alle Zutaten vermengen. Bei Zimmertemperatur einen Tag lang stehen lassen, danach durch ein Tuch abseihen. In Flaschen füllen, jedoch nicht bis ganz zum Rand, die Flaschen verschließen und 3 Tage bei Zimmertemperatur stehen lassen, bis sich Kohlensäure gebildet hat. Dann die Flaschen in den Kühlschrank stellen und dort noch 4 bis 5 Tage ziehen lassen, bevor Sie das Getränk genießen.

**Ca.
½ Liter**

2 ganze Äpfel oder Möhren
150 g Sanddorn
1 Orange oder Grapefruit, geschält
1 Stück Ingwer, ca. 10 × 3 cm, oder Menge nach Geschmack
500 ml Wasser

Säuerlicher Sanddorn-Schot S. 144–145

Von allen erdenklichen Beeren mag ich den Sanddorn am liebsten. Also begebe ich mich in jedem Herbst einen Tag nach Malmö und pflücke unweit der Pfeiler der Öresundbrücke die Beeren und friere sie ein. Diese skandinavische Superbeere schmeckt wie eine exotische, säuerliche Diva!

Man braucht keinen Entsafter, um Saft herzustellen. Manchmal finde ich es sogar zu umständlich, ihn aus dem Schrank zu holen, dann werfe ich stattdessen ganz einfach die Früchte mit dem Wasser in den Mixer. Für das Abseihen eignet sich am besten ein Seihtuch oder ein Stück dünner Stoff, aber ein feinmaschiges Stahlsieb funktioniert auch. Der Saft wird sich so oder so absetzen. Dieses Getränk wird säuerlich und stark und passt prima zu Tagen, an denen man sich leicht verschnupft, müde und schlapp fühlt.

Äpfel/Möhren in Stücke schneiden. Sanddorn, Äpfel/Möhren, Orange/Grapefruit, Ingwer und Wasser in einen Mixer geben. Ein paar Minuten mixen, bis sich alles gleichmäßig fein verteilt hat. Durch ein Seihtuch oder Stahlsieb abseihen.

SÄUERLICHER SANDDORN-SCHOT

Register

A

Ableger 73
anpflanzen 21
Ausläufer 73

B

Bäume pflanzen 69
Birkensaft zapfen 73

E

essbare Blüten 101
exotische Pflanzen 50

F

Freilandanbau 21
Früchte, das Gewächshaus 45, 51, 52
Früchte und Beeren, der Obstgarten 74–76
Fruchtwechsel 18
Frühbeet 47
Frühgemüse 21

G

Gemüse, das Gewächshaus 45, 50, 51, 52
Gemüsepflanzen, der Nutzgarten 25
Gründünger 16

H

Heißkompost 15
Hülsenfrüchte, der Nutzgarten 26

K

Kaltkompost 15, 16
Knollen, Wurzeln und Beten, der Nutzgarten 24
Kohl- und Blattgemüse, der Nutzgarten 23
kompostieren 15
Kräuter 102–105
Kräuter trocknen 98
Kräutergarten, Pflanzen 102–105

L

Lagerung 21

M

Mischkultur 18
Mikroklima 68
Mulchen 16

O

Obstbäume, Pflege 71

P

pflanzen, Bäume 69
Pflanzen für Tiere 99
Pflanzen mit Glas 47
Pflanzenstützen 46
Pilze, trocknen und ankochen 122

S

Saatkartoffeln 20
Samen säen 18
Samen sammeln 21
Spalierbäume 70
Stecklinge 71

T

trocknen und ankochen, Pilze 122

V

vermehren 71
Vermehren von Kräutern 101
vorziehen 21
wässern 20

W

wilde Zutaten 122–128

Z

Zwiebelgewächse, der Nutzgarten 26

Rezeptregister

A

Apfelkuchen, weicher *85*

B

Bhaji-Burger *36*
Birnen-Buchweizenbrei in Variationen *80*
Birnenchips mit Zimt *93*
Blaubeer-Cheesecake *141*
Blaubeerpfannkuchen *138*

C

Cashew-Eis am Stiel mit Feigen *65*
Chilisauce nach Art des Hauses *62*

E

Eistee *85*
Essiggurken *43*
Eton Mess mit Rhabarberkompott *89*

F

Fagioli all'uccelletto *31*

G

Gegrillte Pfirsiche mit roher Karamellsauce und Kokos *88*
Gemüsebrühe, gekörnte *117*
Gewürzmischungen und Aromatisierungen *109*
 – Dukkah *109*
 – Shawarma *109*
 – Zatar *109*
Goldene Milch *59*
Grundrezept Kombucha *77*
Grüne-Bohnen-Wrap *36*

H

Holunderblütensprudel *142*
Hummus Harvest Bowl *31*
Hush Puppies *54*

K

Kombucha, Grundrezept *77*

M

Mandala-Flatbread mit roten Zwiebeln, Feigen & Kräutern *58*
Marmorierter Kräuterzopf *112*
Mittsommer-Kräutersalat *112*

Möhrenkuchen *34*
Muhammara *62*

N

Nesseleccino *138*

P

Pfifferlingpesto mit selbst gemachter Pasta *129*
Pfifferling-Tacos mit Meerrettich-Slaw und eingelegten roten Zwiebeln *133*

R

Rote Bete, eingelegte *43*

S

Sahnige Zitronenpasta *28*
Salat aus Frühgemüse mit Bärlauch & Spargel *34*
Sanddorn-Shot, säuerlicher *142*
Schokoladenbruch mit getrockneten Beeren und Blüten *93*
Socca uttapam *54*

Spa zu Hause 113
– Bade- & Fußbadesalz 113
– Gesichtspeeling & Bodyscrubb 113
– Massageöl mit Fichtensprossen 113
– Ringelblumensalbe oder -lippenpflege 113
Suppe aus geröstetem Hokkaido-Kürbis 37

T
Teemischungen 106
– Abendtee 106
– Holunder & Zitronenverbene 106
– Nesseln & Hagebutten 106
– Tee gegen Halsschmerzen 106
Tipperary Apple Cider 88
Toast mit Rahmpilzen 134
Tom kha hed 134

Tomaten-Linsen-Sauce mit Zitrusnote 59

Z
Zimt-Apfel-Schnecken 81